El au

EL CONTRA

DE D

te muestra cómo

La ORACIÓN *da* RESULTADO

HERMANO ANDRÉS

CON

Susan De Vore Williams

Vida®

La misión de Editorial Vida es proporcionar los recursos necesarios a fin de alcanzar a las personas para Jesucristo y ayudarlas a crecer en su fe.

LA ORACIÓN DA RESULTADO
Edición en español publicada por
Editorial Vida – 2008
Miami, Florida

Publicado en inglés con el título:
Prayer Works
Copyright © 1990, 1999, 2006 by Brother Andrew
Publicado por Fleming H. Revell,
una división de Bakers Publishing Group.

Traducción, edición y diseño interior: *Good Idea Productions, Inc.*
Diseño de Cubierta: *Pablo Snyder*

ISBN - 978-0-8297-4900-7

Categoría: Vida cristiana / Oración

Impreso en Estados Unidos de América
Printed in the United States of America

08 09 10 11 12 ❖ 6 5 4 3 2 1

Contenidos

PREFACIO

Dios no es un simple mortal para mentir y cambiar de parecer.

NÚMEROS 23:19

Y digo: Este es mi penar: que se ha cambiado la diestra del Altísimo.

SALMO 77:11 KHETUBIM, BIBLIA HEBREA.

Entonces el Señor se calmó y desistió de hacerle a su pueblo el daño que le había sentenciado.

ÉXODO 32:14

Es posible que nos preguntemos, ¿tiene sentido orar? Si es así, ¿existe alguna oración lo suficientemente amplia como para producir un cambio radical en nuestro mundo? O tal vez, ¿hay un clamor especial que cambie mi vida para que Dios pueda utilizarme para hacer algo acerca de este problema? ¿Hay la posibilidad que él diga, en respuesta a uno de mis pedidos, «Y si responde a su propia oración?»

Recuerde que esto no significaría un desaire, sino el resultado positivo al Dios observar un crecimiento en mi madurez espiritual (¡Como un fruto directo de mis oraciones!) de manera que ahora me considera capacitado para involucrarme.

Definitivamente, la oración puede y cambia el mundo, y por sobre todas las cosas, ¡me cambia a mí!

No sorprende que desde que escribí este libro mi propia vida de oración fue renovada, como así también mis prédicas y enseñanzas sobre el tema de oración. ¡Si tan solo hubiese sabido antes algunas de estas cosas! Pero somos discípulos y aprendices en todo momento.

En los últimos años comprobé que el aspecto más desafiante de la oración, es decir la oración intercesora verdadera, consiste en ser capaz de amar con compasión de sacrificio a aquellos por los que oramos. ¿Y en qué otra situación podemos aprenderlo sino de rodillas?

El ejemplo más sobresaliente de esta clase de clamor se encuentra en Éxodo 32, donde Moisés y su pueblo están en una situación que me recuerda al mundo actual. Aquí observamos que el propio pueblo de Dios desafía directamente su orden expresa, lo desampara, recurre a la idolatría y obliga a su sacerdote a construir un becerro de oro.

Es comprensible que Dios se disguste con el pueblo de Israel porque frustraron su plan y fin absoluto de preparar el camino para la venida de su Rey. Por su desobediencia, el pueblo de Dios destruyó sus mejores intenciones para toda la humanidad. Está visiblemente enojado y le dice a Moisés «Tú no te metas. Yo voy a descargar mi ira sobre ellos, y los voy a destruir» (versículo 10). En este pasaje Dios termina con Israel. Se desentiende de las personas en las que invirtió tanto esfuerzo.

Cuando observo al mundo, pienso con frecuencia, que en la actualidad así debe ser el sentir de Dios después de todas las oportunidades que nos dio. Por ejemplo, luego de distribuciones masivas de Biblias y folletos; después del renacimiento que ocurrió en cada continente; de las iglesias, escuelas y misiones que construimos; más tarde con los libros cristianos, revistas, estaciones de radio y televisión que propagaron la Palabra alrededor del globo; con todos los reclamos de algunos cristianos muy entusiastas de que Jesús puede regresar mañana porque finalizamos la obra de evangelización del mundo; y de todos los cálculos superficiales en el sentido de que ahora tenemos más cristianos por pulgada al cuadrado en el mundo, concretamente, qué más puede hacer el creyente razonable que sentarse y decir: «¡qué lío hicimos en este mundo!»

¿Acaso Dios está disgustado con todo esto? Seguramente lo está.

A medida que leemos este pasaje en Éxodo, encontramos algo inesperado. Cuando Dios expresa su intención de destruir a Israel, le dice a Moisés: «Pero de ti haré una gran nación» (Éxodo 32:10b).

¡Nunca un hombre en la historia tuvo esa clase de ofrecimiento!

¿Me pregunto si en la actualidad un cristiano honesto y radical situado frente a Dios sería capaz de rechazar tal oferta? «Dios, ¿quieres crear un nuevo pueblo a través de mí, un pueblo que haga tu voluntad, que mantenga tus mandamientos y que finalmente alcance el mundo para Cristo?»

De manera sorprendente, Moisés no aprovecha la oportunidad que Dios le ofreció. En cambio, le suplica: « SEÑOR, ¿por qué ha de encenderse tu ira contra este pueblo tuyo? ... ¡Calma ya tu enojo! ¡Aplácate y no traigas sobre tu pueblo esa desgracia!» (versículos 11-12).

Moisés intercede por su pueblo, y aquí se aproxima la hora de la verdad. En la Biblia hebrea, el versículo 11 dice literalmente que «Moisés borró las arrugas de la cara de Jehová».

A menos que usted domine el léxico hebreo, no podrá encontrar esta frase. No obstante, a cualquier persona con una formación teológica y acceso a las Escrituras hebreas, le sugiero buscarlo, estudiarlo y predicarlo. Aquí Moisés se aproxima tanto a Dios que no solo puede hablar con él de amigo a amigo, sino que en realidad puede tocar su rostro y borrar el ceño enojado. Intente imaginarlo: Moisés, extiende sus manos y acaricia su rostro hasta que todas las arrugas y miradas de enojo desaparecen.

Sin dudas, no fue una oración fácil ni un acto de retirarse a orar por una hora. Tampoco fueron un día o dos de oración y ayuno y más tarde, predicar, o escribir un libro sobre el tema. Fueron cuarenta días. ¡El cuerpo de Moisés debió ser una ruina! Precisamente, luego de oír sobre el becerro de oro, él decidió la única esperanza para su nación, es decir, persuadir a Dios para que cambiara de parecer.

En Deuteronomio 9:25-27 Moisés le dice a los israelitas cómo hizo eso en realidad:

> ***«Como el SEÑOR había dicho que los destruiría, yo me quedé postrado ante él esos cuarenta días y cuarenta noches. Oré al SEÑOR y le dije: "SEÑOR y Dios, ¡no destruyas tu propia heredad, el pueblo que por tu grandeza redimiste y sacaste de Egipto con gran despliegue de fuerza! ¡Acuérdate de tus siervos Abraham, Isaac y Jacob! Pasa por alto la terquedad de este pueblo, y su maldad y su pecado...»***

Me doy cuenta que después de leer el relato de las oraciones de Moisés por su pueblo, ninguno iba a esperar fácil y gratuitamente, convertirse en intercesor. Imagínese a Moisés, extremadamente delgado, con las manos descubiertas, descalzo, recostado sobre las rocas y el polvo del suelo árabe con mucho dolor, rodeado de serpientes que se deslizan a su alrededor y de escorpiones al acecho buscando una abertura para asaltar su cuerpo exhausto en las partes descubiertas como eran sus manos y sus pies. ¡Qué manera de orar a Dios! Cuarenta días y cuarenta noches.

Ajeno a lo que sucedía en torno a su alrededor, Moisés tenía solo una carga acuciante: comunicarse con Dios, y lograr que abandonara su ira. Convencerlo para que cambiara de parecer.

Entonces, ¿qué lo mantenía en pie? Ese mismo deseo profundo que expresaba a su pueblo cuando decía, «...y tal vez logre yo que Dios les perdone su pecado». Nadie más podía hacerlo. (Éxodo 32:30)

Quizá, algunos de ustedes preguntarán: «¿y el Calvario?» El Calvario no había sucedido todavía, pero el principio era el mismo. Moisés, el verdadero intercesor, ofrecía su propia vida como sacrificio por el perdón de su pueblo. Estaba dispuesto a ser castigado por el bien de ellos. «Sin embargo, yo te ruego que les perdones su pecado. Pero si no vas a perdonarlos, ¡bórrame del libro que has escrito!» (Éxodo 32:32).

¡Una oración increíble! ¿Nos damos cuenta que los dos grandes intercesores en el Antiguo y Nuevo Testamento, Moisés y el apóstol Pablo, pronunciaron el mismo tipo de oración? (véase Romanos 9:3)

Ellos estaban dispuestos a abandonar su postura ante Dios solo si sus hermanos y hermanas podían ser perdonados. No dijeron de mala manera: «No queremos ir al cielo si tú no salvas a mi pueblo». No existía un tono de rebelión en sus oraciones, sino un amor profundo y un deseo de sufrir con Cristo en nombre de los pecadores humanos.

Eso significa auténtica intercesión. Y es lo que debemos hacer hoy ante todo si queremos ver un cambio real en nuestro mundo. El sacrificio compensador de Jesucristo fue completo y suficiente para redimir a toda la humanidad, y él nos llama a «amarnos los unos a los otros, como yo los he amado. Y aquí es como medirlo: nadie tiene amor más grande que el dar la vida por sus amigos». (Juan 15:12-13, PAR.) Moisés hizo esto, y como resultado Dios cambió sus planes de destruir a su pueblo.

Puede que el Señor no cambie de parecer como lo hace un ser humano, no obstante él cambia el mundo, y a nosotros mismos cuando oramos como Moisés lo hizo. Esto es algo que un cristiano superficial no puede soñar realizar porque no está dispuesto a pagar tal precio.

El gran interrogante es: ¿Estamos dispuestos a permitir que Dios sea Dios y convertirnos en hombres y mujeres que él quiere que seamos. Hoy la tarea de Dios es buscar a otro Moisés, a otro Pablo. Alcanzar hombres y mujeres dispuestos a amar de la manera que ellos lo hicieron, dando la vida por nuestros amigos en oración.

Por el bien de un mundo perdido, en la gloria de su nombre, por la venida de su Reino y para que usted y yo seamos parte del cuerpo de Cristo en todo el mundo, ¡permítanos tomar nuestro rol y ponerlo en práctica!

Que Dios los bendiga.

Capítulo uno

¡NO ESTAMOS DESAMPARADOS!

Hace algún tiempo, oí a dos mujeres cristianas discutir acerca de la situación apremiante de los rehenes tomados por los terroristas del Medio Este.

Una de las mujeres dijo: «Me dan mucha pena esos pobres hombres y sus familias, pero en realidad este es un problema de Dios, no nuestro. Tenemos que recordar que él ya decidió cómo siguen sus historias».

La otra mujer suspiró. «Sí», dijo «¡pero es frustrante! Parece que todos somos tomados como rehenes por las malas personas que existen en el mundo como los terroristas y los dictadores, los traficantes de drogas y los criminales...»

La primera mujer se sonrió y tocó el brazo de su amiga. «Bueno, es así como se ve», dijo de manera consoladora, «pero sabemos que Dios tiene sus razones para permitir estas cosas.

Incluso cuando no comprendemos esas razones, podemos estar seguros que nada sucede fuera de su voluntad».

Al oír esto sentí que la indignación crecía dentro de mí. Apenas podía controlar el impulso de dirigirme a ellas y decirles: «¿Qué les sucede? ¿Por qué hablan de esa manera? ¡Ustedes no están desamparadas! ¡Dios les dio el poder para cambiar esa situación! ¿Por qué no lo usan? ¿Por qué no oran?»

Algunas veces comprendo cuando uno no tiene que abrir la boca, y esta fue una de esas ocasiones. Aquellas mujeres no hubiesen entendido lo que yo quería decir. Aun así, no podía sacármelas de mi mente, y la conversación que mantenían seguía afectándome porque ejemplificaba a la perfección un problema que causa una gran debilidad en el cuerpo de Cristo en nuestros días.

Esas dos mujeres muy creyentes fueron preparadas en una doctrina falsa que infectó el pensamiento de un número alarmante de cristianos en la actualidad. Yo llamo a eso por falta de un término más adecuado, fatalismo cristiano. Sin darse cuenta, aquellas mujeres sucumbieron en un error espiritual que muchos tienen y neutraliza la efectividad de ellos como creyentes. Si yo les hubiese preguntado: «Estimadas damas, ¿consideraron la posibilidad de unirse al islamismo?», sin duda, se hubiesen ofuscado y ofendido. Pero la verdad es que sus creencias acerca de la «voluntad de Dios» hubiesen coincidido perfectamente en la religión Musulmana y también en otras religiones fatalistas como el hinduismo y el budismo. Sin embargo, no existe lugar para el fatalismo en el cristianismo. ¡Todo lo contrario!

La Biblia está diseñada con ejemplos poderosos que lo certifican. En estas páginas resaltaremos muchos de ellos, porque creo en nuestra determinación de rendirnos a la voluntad soberana de Dios. Muchos de nosotros perdimos de vista una verdad poderosa: Dios no nos creó para ser títeres. Nos hizo a su imagen, dotándonos con la habilidad de hacer elecciones independientes. Al hacer eso, en un sentido, él restringió su propia omnipotencia permitiéndonos decir sí o no a su voluntad.

En otras palabras, Dios nos dio el privilegio de elegir cómo nuestra vida (y nuestro mundo) van a resultar. Y aquellos de nosotros que conocemos a Dios somos elevados a una posición impresionante dentro de este marco. Nos convertimos en socios de Dios y colaboradores al escribir la historia de la humanidad. No solo eso, sino que se nos da poder para desafiar a los poderes del mal que han estado en guerra con Dios desde el comienzo de todos los tiempos. Nosotros podemos, a través de nuestra fe y oraciones, elevar al mundo de su eje: ¡solo si lo hacemos!

Dios no está interesado en títeres; él busca a personas que digan sí a su invitación y marquen una diferencia en el mundo, personas que comprendan esto al hacerse él mismo susceptible a nuestra influencia. Él nos dio «las llaves del reino (Mateo 16:19), el poder para cambiar para bien la historia de la humanidad».

«Ciertamente les aseguro que el que cree en mí las obras que yo hago también él las hará, y aun las hará mayores, porque yo vuelvo al Padre. Cualquier cosa que ustedes pidan en mi nombre, yo la haré; así será glorificado el

Padre en el Hijo. Lo que pidan en mi nombre, yo lo haré». (Juan 14:12-14). ¿Verdad que él no podría haber hecho una declaración tan explícita? «¡Tomen mi causa!» dice Jesús. «Observen lo que hice y hagan más! ¡Les di el poder, entonces búsquenlo!»

No obstante ello, aun dudamos. Incluso no creemos que es nuestro deber «decirle a Dios lo que queremos que él haga con su mundo», lo cual significa la manera en que algunos cristianos describen a la oración intercesora. ¿Por qué no hacerlo? Dios nos invita, es más nos ordena llevarlo a cabo. ¿Rechazaremos su invitación tal como los musulmanes, budistas o hindúes buenos, que por falsa humildad se avergüenzan ante la idea de un Dios que es abierto a la influencia, y cuyos planes pueden ser cambiados? Clamo en oración para que no lo hagamos, porque Dios cuenta con nosotros como así también con el mundo. Al menos que nos apartemos de nuestra apatía fatalista y usemos el poder que Dios nos da a través de la oración, la sangre de muchos en este planeta estará sobre nuestras manos. ¡Somos responsables!

Dios quiere que seamos activos, no pasivos. Anhela que resistamos y finalmente derrotemos a los principados y poderes que han tenido al mundo como rehén desde los inicios de la historia escrita. Él nos da armas más poderosas que las de ellos para hacerlo. «Todo lo que ates en la tierra quedará atado en el cielo» dice Jesús, «y todo lo que desates en la tierra quedará desatado en el cielo» (Mateo 16:19).

¡Increíble! ¡Solo el fatalista puede temblar ante dichas palabras! Pero como cristianos deberíamos electrizarnos con ellas ya que confirman que Dios nos dio acceso al poder ilimitado del mismo Jesucristo, un poder superior sobre la tierra que cualquier otro llamado «superpoder».

Ellas también nos dicen eso, contrariamente a lo que las dos mujeres que mencioné anteriormente creían. Dios «todavía no decidió cómo va a resultar la historia», ni siquiera con quiénes nos casaremos o qué hará Gorbachev en los próximos cinco años.

Advierta que yo no digo que Dios no tiene planes para nosotros, o que retiró sus manos del mundo y nos dejó girando fuera de control dentro nuestro propio olvido. Tampoco menciono que tenemos un control máximo sobre Dios o que él nos puso a cargo de todo. Él es un Dios soberano, y nosotros podemos conocer su voluntad, y deberíamos hacerlo. Realizar las cosas a la manera de Dios debería ser nuestro objetivo primordial, y las Escrituras nos dan toda la guía necesaria para esa tarea. Debemos recordar que los planes de Dios para nosotros no están cincelados en piedra. Solo su carácter y naturaleza son iguales; ¡sus decisiones no!

Cuando observamos las cosas que suceden en el mundo que parecen ser «hechos de Dios» y estamos en desacuerdo con lo que Dios parece hacer (o permitir), le podemos pedir a él que cambie de parecer. Siempre está dispuesto a escuchar nuestra versión de la historia, e incluso si tiene planes para realizar algo, está abierto a cambiar esos planes bajo condiciones correctas.

Moisés comprendió esta faceta del carácter de Dios, como pocos hombres lo lograron, y la Biblia nos da muchos ejemplos para ayudarnos a entender cómo podemos relacionarnos con Dios de la manera que él lo hizo. En Éxodo leemos que el Señor le dijo a Moisés:

«Ya me he dado cuenta de que este es un pueblo terco ... ¿Por qué ha de encenderse tu ira contra este pueblo tuyo?» La expresión es terminante. Un fatalista hubiese respondido, «Oh, muchacho, ¡Todo acabó!» Moisés no aceptó eso. Le suplicó a Dios que no lo hiciera ... Entonces el SEÑOR se calmó y desistió de hacerle a su pueblo el daño que le había sentenciado» (Éxodo 32:9,11, 14, PAR.).

Moisés comprendía que era factible que Dios cambiase de parecer, tal como lo sabían la mayoría de los héroes de la Biblia. Él conocía a Dios, y como su amigo, entendía que sus planes podían ser variados. En los próximos capítulos analizaremos más sobre la vida de Moisés y todos los personajes que mudaron el parecer de Dios. Sobre el particular, es importante saber que estos fueron seres humanos normales como usted y yo, y que si ellos pudieron hacer cambiar su parecer, nosotros también podemos. Esto acontece todo el tiempo.

Un ejemplo que en particular me estremece involucra los hechos recientes en la Unión Soviética. A partir del año 1983 nuestra organización *Open Doors*, fue requerida durante siete años para orar por la Unión Soviética. Estábamos convencidos que la conspiración maligna que trajo incontable miseria y tormento al cuerpo de Cristo mundialmente se acuartelaba en un solo lugar: Moscú. Millones de personas murieron como consecuencia del genocidio en las naciones comunistas, y otros cientos de miles se encontraban en prisiones por causa de su fe. Entonces decidimos tomar la ofensiva contra Satanás atacando sus fortalezas. Muchos cristianos alrededor del mundo se unieron a nosotros y oramos particularmente para que las barreras que mantuvieron la palabra de Dios fuera de Europa Oriental y Rusia fueran derribadas y los prisioneros cristianos liberados.

Después de un año comenzamos a ver los resultados.

Oímos por primera vez acerca de un hombre poco conocido llamado Gorvachev. Comenzamos a escuchar palabras tales como apertura y perestroika en vez de la retórica normal comunista. Los vientos de cambio por los cuales orábamos sin cesar empezaban a soplar, y no podían ser retenidos. Por último, por casi seis años desde el momento en que nos dispusimos a orar, los muros entre el este y el oeste iniciaban su derrumbe. El famoso Muro de Berlín, símbolo mundial de la opresión comunista, caía en ruinas. Las puertas de la prisión comenzaban a abrirse y la Europa Oriental se levantaba en contra de los poderes que la mantuvieron esclavizada.

En 1989, después de más de treinta años de introducir Biblias a través de la Cortina de Hierro, alenté a los rusos para que de manera abierta permitieran a nuestra organización distribuir en las iglesias soviéticas un millón de Biblias escritas en su propio idioma. Respondieron positivamente y en este momento, después de siete años de clamor continuo, podemos relatarles a nuestros compañeros de oración, las gloriosas noticias acerca de que ningún líder cristiano permanece por su fe en prisión o en un campo de concentración en la Unión Soviética. Concretamente, eso es lo que ocurre cuando oramos.

Siempre tenemos algo para decir acerca de las cosas que suceden a nuestro alrededor. No debemos tomar nuestra vida como se avecina; podemos sufrir el impacto trascendental sobre nuestro mundo porque la mente y el corazón de Dios están abiertos y su poder está disponible para nosotros. No existen dudas que Dios se exaspera cuando observa que somos reacios a emplear el poder de la oración.

«Pero este es un pueblo saqueado y despojado, todos atrapados en cuevas o encerrados en cárceles. Son saqueados, y nadie los libra; son despojados, y nadie reclama. ¿Quién de ustedes escuchará esto y prestará atención en el futuro?» (Isaías 42:22-23). ¿Quién en estos tiempos enfrentará a Satán y le exigirá, como lo hizo Moisés ante el Faraón «¡Deja ir a mi pueblo!?» (Éxodo 7:16) ¿Quién se pondrá del lado de Dios?

Seguramente no serán los fatalistas cristianos u otros. Ellos nunca desafiarían los poderes. Lo que en realidad debería preocuparnos es que el Islam es la religión que crece con mayor rapidez en el mundo. En la actualidad, la mayoría de las personas sobre este planeta, pertenecen a religiones fundamentalistas no cristianas y sus números aumentan a un nivel alarmante. Hoy la iglesia cristiana es infectada también con el virus paralizante de la apatía fatalista. ¿Cómo puede ser esto posible?

No es tan difícil comprender. El interés hacia esta postura por parte de las personas «inclinadas espiritualmente», es decir aquellas que ansían ser religiosas, simplemente no se niega. Esta actitud parece reflejar una poderosa fe: «Me niego a cuestionar la voluntad de Dios», dirá con una humildad piadosa. ¿Significa en realidad que lo que sucede en el mundo está bien, incluyendo guerras, hambre, opresión, crisis familiar y social, explotación de los inocentes y débiles, y degradación de todo lo que es sagrado y puro? «Si Dios lo permite, debe existir una razón» dirá, «y no puedo esperar comprender las razones de Dios con mi mente pequeña, entonces acepto lo que él hace por la fe y alabo al Señor». Y los oyentes que desconocen esta clase de conversación responderán con admiración: «¡De qué fe me habla!»

Sin embargo, esta clase de «fe» no tiene poder porque está basada en una falsa premisa. Podemos darle diferentes denominaciones: karma, destino, suerte, kismet (N. del T. del Islam: destino). Es lo mismo sin importar el atuendo que utilice. Sostiene que no podemos cambiar la Escritura de Dios y nuestra obligación es meramente «seguir la corriente» del programa establecido por él. ¿Verdad que hace que la vida sea muy simple? Y eso es buena parte de su encanto. Los fatalistas pueden descansar porque ya no son más responsables de todo. No tienen que obedecer a Dios o resistir el mal activamente; simplemente pueden «dejarlo ser» (como recomendaron los Beatles en su primer hit de los años sesenta).

No obstante, el fatalismo tiene también otros intereses. Si un cristiano lo incorpora a su teología, su vida se torna más fácil y confortable. Ganará cientos de horas extras cada año para poder ver televisión y dormir cuando ya no tenga que malgastar su tiempo en actividades no fructíferas como estudiar las Escrituras, conocer a Dios a través de la oración, interceder por su familia y por el mundo, combatir las fuerzas del mal o alcanzar personas para Cristo. No deberá levantar más ni un dedo. Puede sentarse en su sillón reclinable y olgazanear por el resto de su vida, sintiéndose seguro en su «fe».

Está preparado para enfrentar cualquier calamidad en su persona, desde un divorcio hasta la muerte, con una actitud de aceptación estoica.

Por supuesto que esto no es nada nuevo. Hasta algunos de los héroes más grandes de la Biblia sucumbieron en ocasiones al fatalismo. ¿Recuerda lo que Job dijo acerca de aprender sobre su propia familia que había sido aniquilada y perdido todo lo que poseía? «El SEÑOR ha dado; el SEÑOR ha quitado. ¡Bendito sea el nombre del SEÑOR!» (Job 1:21b). ¡Asombroso! ¡Qué declaración! Es más, estas son las palabras que a menudo hoy se citan en funerales como una afirmación de fe ante una pérdida devastadora. Ahora, ¿es esta una actitud cristiana? ¡No! Es «de las Escrituras» solo en el sentido que las palabras se encuentran en la Biblia. Lo que debemos reconocer es que ellas son pronunciadas por un hombre con un desconocimiento absoluto, que no sabía que Dios y Satanás usaban su cuerpo como campo de batalla. Job no podía visualizar que Satanás contaba con el fatalismo como su arma más potente.

No podemos calificar con dureza a Job ya que él no poseía una Biblia que lo ayudara a entender el carácter de Dios o la naturaleza de la lucha espiritual que acontecía en su vida. No podía saber que era Satanás y no Dios quien se llevó todo lo que él amaba. El milagro de la historia de Job no significa que él aceptó su sufrimiento sin cuestionamientos, sino que a pesar de sus ideas equivocadas acerca de quién lo causaba, aun así se negó a maldecir a Dios o culparlo. Podemos entonces admirar a Job por mantener su fe en medio de una situación tan adversa. ¡Pero no es nuestro problema transformar sus ideas en teología cristiana!

Nuestras respuestas a las tácticas de Satanás deberían reflejar un conocimiento mucho más profundo de Dios que el del propio Job porque no solo tenemos las Escrituras sino también dos mil años de experiencia cristiana. Asimismo contamos con el Espíritu Santo para iluminarnos. Hoy por hoy muchos cristianos están en el mismo barco que esas dos mujeres que escuché hablar acerca de los rehenes. Se encuentran a la deriva, yendo felizmente con la corriente como si la revelación de Dios desapareciera durante el tiempo de Job, que el Espíritu Santo nunca viniese y que la oración nunca nos fuese dada como medio para tener acceso al corazón y mente de Dios. Por desdicha, no se dan cuenta hasta que es demasiado tarde, y la corriente que parece ofrecer un viaje seguro y confortable los empuja fuertemente para provocar un remolino mortal, es decir, un olvido.

Esta fue una de las estrategias fundamentales de Satanás a lo largo de la historia. Y continúa empleándola porque le resultó efectiva por mucho tiempo. ¡Pero no podemos permitir que la misma tenga éxito! Tenemos el poder para resistir y superarlo y Dios puso en nuestras manos el arma que puede hacerlo. Dicha arma es la oración.

Lo único que hace temer a Satanás es un cristiano que comprende el poder de la oración porque sabe que Dios no escatima nada por sus amigos. A medida que conocemos a Dios y comenzamos a comprender todo lo que él es y todo lo que es suyo, dejamos de ser las víctimas desamparadas que pueden ser zarandeadas por las tormentas y las olas que Satanás agita. En realidad somos capaces de hacer lo que el diablo y sus demonios no pueden. Jesús nos dice:

«Les aseguro que si tienen fe y no dudan -les respondió Jesús-, no solo harán lo que he hecho con la higuera, sino que podrán decirle a este monte: «¡Quítate de ahí y tírate al mar!, y así se hará. Si ustedes creen, recibirán todo lo que pidan en oración».

MATEO 21:21-22

Sin dudas Satanás se mantiene firme en su empeño por mantener a los cristianos alejados de la oración. Comparado con ella, vemos que no tiene ningun poder. A través de la oración, no solo podemos mover montañas, sino también derrotar cada uno de los planes malignos de Satanás. Esta es una cuestión de vida o muerte para él y para nosotros. En este sentido, no nos tendría que sorprender que trabaje tiempo extra diseñando estrategias para neutralizar nuestras oraciones. Si él puede hacer eso, nada tiene que temer de nosotros. Puede cumplir con su agenda profana sin ningún inconveniente.

Es por ello que me concierne el fatalismo cristiano. No es meramente una interpretación doctrinal inofensiva con la que podemos coexistir como lo hacemos en el caso de las variaciones menores en la teología cristiana. El fatalismo es una enfermedad paralizante que invadió el cuerpo de Cristo con consecuencias lamentables. Infecta a sus víctimas con complacencia y apatía que inmovilizan la voluntad de ellos para resistir el mal mientras pierden su determinación para cumplir la gran obra de Cristo.

Al menos que esta enfermedad sea detenida, el mundo va a sumar más problemas de los que ya posee. Más allá de nuestra comprensión, el costo final en términos de sufrimiento humano será aterrorizador. Las atrocidades y opresiones que vimos en la Europa de Hitler, en la China de Mao y en la Rusia de Stalin palidecerán en comparación. Millones continuarán en soledad y desesperación en todo el mundo en un momento cuando ellos deberían contar con nosotros para acudir a su rescate. Y si creemos por un momento que Dios va a mantener a la vuelta de la esquina el mal que consume al resto de la humanidad, estamos muy equivocados. Él no lo hará.

Si nos alejamos de la verdad refugiándonos en falsas doctrinas, experimentaremos las consecuencias porque no estamos exentos de sufrimientos. Dios no nos va a proteger de ellas. No cometa un error: Satanás no es más bueno o más gentil a medida que pasa el tiempo (Veremos sus estrategias y cómo combatirlas en los capítulos 6 y 7). Se hace más fuerte y más monstruoso cada día. Solo tenemos que mirar los titulares actuales de los periódicos para saber eso. Un amigo mío lo expresa de esta manera: «Cuando era joven, un muchacho malo era alguien que arrebataba una manzana de la verdulería. Hoy una persona mala es aquella que mata a toda su familia para poder cobrar el dinero del seguro y comprar drogas».

Esto no es una exageración. Los límites del mal se expanden cada día, y la apatía fatalista permite a esos límites crecer porque no ofrecen resistencia. Los cristianos debemos oponernos al mal; ¡nacimos para la batalla! Cada cristiano es un soldado, un «miembro de la resistencia» en el ejército de Dios que forma parte de la lucha espiritual. Cuando perdemos esto de vista, nuestras acciones no tienen un propósito y nuestros focos se tornan poco claros. Olvidamos el hecho de por qué nacimos, para qué fuimos entrenados y equipados para realizar en el campo de batalla y morimos sin siquiera saber por qué vivimos. Lo más importante es que nunca completamos la misión a la que fuimos enviados a cumplir. Anote aquí otro punto para el diablo.

Una vez que comenzamos a comprender las consecuencias del fatalismo cristiano, no podemos tolerarlo más. Por todo lo que valemos, debemos luchar contra él porque es el arma más poderosa que utiliza el enemigo en este momento de la historia para derrotar los propósitos de Dios.

¿Entonces dónde nos deja esto? ¿Es una situación desamparante? ¿O es posible revertir la parálisis que amenaza al cuerpo de Cristo, y volver a ganar el lugar que perdimos por error y hacer retroceder al enemigo? No va a ser tarea fácil, pero estoy convencido que se puede realizar. Este libro marca los pasos que debemos llevar a cabo si lo queremos lograr. Le dará el conocimiento que usted necesita para tomar la ofensiva contra los poderes de la oscuridad y ganar.

Es necesario advertirle que el conocimiento puede ser algo peligroso. Cuando finalice de leer este libro, sabrá cosas que requerirán algo de usted. Por lo tanto estará obligado a actuar. Ore y las montañas se moverán. Use las llaves del reino para abrir las puertas de la prisión y liberar a los hombres; contraataque al enemigo que tuvo al mundo de rehén por mucho tiempo. Esto lo ubicará en la acción de la batalla espiritual por el planeta tierra de manera nunca antes experimentada. Quizá se convierta en el objetivo de los ataques del demonio de forma que no puede imaginar en este momento. Sin lugar a dudas, su vida ya no será igual.

Por lo tanto, si usted procura una vida en paz y predecible, sería mejor que cierre este libro ahora mismo y se lo entregue a otra persona que está en la búsqueda de un poco de alegría. Recuerde lo que dijo Jesús: «No crean que he venido a traer paz a la tierra. No vine a traer paz sino espada». (Mateo 10:34) ¡Esté preparado! Si finaliza la lectura de este libro y aplica el conocimiento que se imparte, usted aprenderá cómo discernir cuando la mente de Dios está

abierta al cambio y si cree que él espera nuestras oraciones para derrotar al enemigo, entonces todas las posibilidades de tener una vida convencional se disiparán para siempre. Tome la espada del Espítitu y realice grandes hazañas por Dios, y cumpla su propósito eterno de maneras que otros no pueden hacerlo. En el próximo capítulo veremos exactamente cómo se puede preparar para hacer esto.

Le formulo la siguiente pregunta: ¿Cómo usted será recordado en la historia? ¿Su nombre será pronunciado en el mismo tono de reverencia que el de Abraham, Moisés, David, Josué, Elías o Pablo? «¿Dominará reinos» mediante su oración? ¿O desaparecerá en la oscuridad sin ni siquiera vivir al máximo la presencia de Dios?

La elección es suya.

Capítulo dos

¿Quién puede hacer cambiar de parecer a Dios?

¿Alguna vez pensó por qué actualmente la mayoría de los cristianos no hacen «las grandes cosas» que Jesús dijo que haríamos? En este sentido, ¿por qué ni siquiera realizamos las mismas cosas que Jesús hizo? Nos llamamos cristianos con el significado de «pequeños Cristos», y cabe preguntarnos ¿amamos de la misma manera que Jesús lo hizo, vivimos como él vivió, y por sobre todas las cosas, oramos como él y con iguales resultados trascendentales? No hablo de milagros ahora. Es obvio que muchos de nosotros no resucitamos a los muertos como una rutina, o le devolvemos la vista a un ciego o satisfacemos a muchos miles de personas hambrientas con cinco trozos de pan y un par de peces. Solo pregunto si hacemos o no la clase de diferencia que Jesús dijo que haríamos, esa diferencia que marcaron los apóstoles y primeros cristianos.

Definitivamente hay excepciones, y creo que podemos coincidir en que la mayoría de los cristianos de hoy no lo son. La razón es simple: no alcanzamos a discerrnir que podemos tener una positiva relación con Dios que producirá tales resultados. No creemos que Dios hará lo que pedimos porque no entendemos en realidad quién es él o los principios que guían nuestra relación con él.

Quizás estas palabras puedan ser consideradas fuertes, pero si entendiéramos a Dios como lo hicieron los profetas, apóstoles y primeros cristianos, si supiéramos en realidad cómo orar, ¿no haríamos las grandes acciones que Jesús predijo? Si conociéramos a Dios como él quiere que lo conozcamos, tendríamos de inmediato toda la fe necesaria para orar con el poder ilimitado y la autoridad de Jesucristo. Nada sería imposible para nosotros.

Año tras año, década tras década, las personas que realizan acciones «a la manera de Jesús» parecen ser menos y estar más alejadas entre ellas. La unión de oración entre el cuerpo de Cristo y el sirviente divino de Dios crecieron débiles en lugar de más fortalecidas.

Asimismo nuestras oraciones a menudo se transformaron en tediosos recitados de «listas de deseos» en vez de diálogos alegres entre dos personas y sesiones de planificación estratégica con el Creador del universo. No estamos aun convencidos que cualquier cosa puede acontecer cuando oramos. No es de extrañar entonces que busquemos excusas para evitarla. ¿Alguno de nosotros pasaría con agrado unos pocos minutos por día con un amigo que nunca respondió a nada que dijimos o que no hizo algo para ayudarnos cuando más lo necesitábamos?

Sin embargo, nuestro Dios responde cuando comprendemos cómo hablarle. Él mueve cielo y tierra por cada uno de nosotros, tal como lo hizo por Moisés y Elías, si entendemos los principios de las Escrituras que lo hacen posible. Inclusive en la actualidad podemos mirar a nuestro alrededor y observar a algunos cristianos cuyas vidas reflejan la intimidad de su relación con Dios. ¡Ellos oran y las cosas suceden! No están sorprendidos. Saben lo que Dios puede hacer, y ellos tienen la suficiente confianza en él para pedirle grandes cosas y esperar una respuesta. Ciertamente tales individuos son difíciles de encontrar en estos días. Arribamos a un punto en que las personas que viven como Jesús nos dijo que lo hiciéramos son consideradas como ridículas para el resto de nosotros. Tal vez los llamemos fanáticos, con la intención de decir que ellos aman a Jesús más que nosotros.

Nos asombran las respuestas a oraciones de los profetas y apóstoles descriptas en las historias de la Biblia, y nos inspiramos con ejemplos modernos como aquellos experimentados por mi gran amiga Corrie ten Boom, quien en medio del horror de un campo de concentración nazi se convirtió en una de las guerreros de la oración más efectiva e irresistible de nuestra generación (Recuerdo haber orado con Corrie y pensado:¡Dios nunca rechazaría a esta mujer!)

El problema radica en que estimamos a esas personas diferentes a nosotros. Imaginamos que ellas tienen un don especial que las posiciona lejos de cristianos comunes como nosotros.

Las ubicamos sobre pedestales y las llamamos «gigantes espirituales» y «héroes de la fe» y efectivamente lo son en un sentido. Pero no debemos perder el objetivo porque no son diferentes a nosotros. Ellas comprenden una idea crucial de intercesión. Es decir, las personas que pueden hacer cambiar de parecer a Dios son aquellas que conocen dos aspectos fundamentales acerca de él: su carácter y voluntad.

EL CARÁCTER DE DIOS

El episodio de Moisés tratando con los hijos de Israel nos ayuda a comprender que conocer el carácter de Dios puede afectar nuestras oraciones.

Cuando comienza Éxodo 32—34, vemos a Moisés y al pueblo de Israel en una situación increíble. Mientras él se encuentra en la cima del Monte Sinaí y recibe las instrucciones de Dios por escrito, los israelitas que esperan por él en el valle, deciden que lo harán por un tiempo limitado. Exigen que Aarón les prepare otros dioses, entonces él funde todos las joyas que recolectó de la gente para formar un becerro de oro.

En tanto, Dios concluye sus instrucciones a Moisés, y le revela que los israelitas, «un pueblo terco» fueron «apartados» de sus mandamientos y adoran a un becerro de oro. Al agravar sus pecados, le otorgan crédito a su ídolo en el sentido de que los sacó de la esclavitud de Egipto.

Como es comprensible, la paciencia de Dios se acaba. Él expresa que su decisión es destruir a Israel. A continuación le dice a Moisés: «Yo voy a descargar mi ira sobre ellos, y los voy a destruir» (Éxodo 32:10). Observe que Dios termina su oración con las siguientes palabras, «Pero de ti haré una gran nación».

Esta declaración le presenta a Moisés una opción personal difícil. ¡Dios le ofrece en realidad la oportunidad de convertirse en *alguien*! En vez de estar atascado con este grupo de ingratos e infieles que dan sus espaldas a Dios en cada oportunidad, Moisés puede comenzar de nuevo y convertirse en el patriarca de una gran nación. ¿Cuántos de nosotros dirían que no a tal ofrecimiento de Dios? Tal vez nos diríamos a nosotros mismos, *si Dios quiere aniquilar a estos rebeldes y usarme para construir una nación que lo glorificará, ¿con quién tengo que discutirlo?*

Observamos que Moisés, el verdadero intercesor, no acepta una palabra del Señor como la palabra que proviene de él. Comprende el carácter de Dios, sabe que él es razonable, misericordioso y fiel a sus dichos. Seguidamente le manifiesta al Señor, «Dios, ¡no puedes hacer esto! ¿Qué dirán los egipcios si oyen que has destruido el mismo pueblo que Tú llamaste propio y lo sacaste del cautiverio? ¿Y además no recuerdas a tus siervos Abraham, Isaac e Israel? ¿Y todo lo que les prometiste? ¡No te puedes volver contra tu palabra!» ¡Ahora existe un hombre que sabe cómo orar con entendimiento y autoridad! Entonces el SEÑOR se calmó y desistió de hacerle a su pueblo el daño que le había sentenciado. (Éxodo 32:14).

Pero la historia no finaliza aquí. Luego de convencer a Dios para que proporcionara a los israelitas otra oportunidad, Moisés baja de la montaña con las tablas de la ley de Dios bajo su brazo y encuentra a su pueblo bailando desnudo frente al becerro de oro. En un mover de ira o quizás en un intento inútil para destruir la acusación contra ellos (de la cuales él levanta con sus manos la única copia), destruye las tablas de la ley y le exige a Aarón que explique cómo llevó a su pueblo a tan terrible pecado. Sin dudas, la respuesta de Aarón será recordada a lo largo de la historia como uno de los ejemplos más sorprendentes de respuesta rápida jamás registrados.

«Hermano mío, no te enojes —contestó Aarón—. Tú bien sabes cuán inclinado al mal es este pueblo. Ellos me dijeron: «Tienes que hacernos dioses que marchen al frente de nosotros ... Yo les contesté que todo el que tuviera joyas de oro se desprendiera de ellas. Ellos me dieron el oro, yo lo eché al fuego, ¡y lo que salió fue este becerro!"», (Éxodo 32:22-24).

Observemos la actitud de Aarón. ¡En un instante es capaz de cambiar la idolatría y el libertinaje en un milagro de Dios!

Después de esta confrontación sorprendente, Moisés regresa a Dios y pronuncia la oración más audaz que jamás se haya hecho (comparable solo a la del apóstol Pablo por Israel en Romanos 9:3) en un intento de pedir perdón por su pueblo.

Volvió entonces Moisés para hablar con el SEÑOR, y le dijo: «¡Qué pecado tan grande ha cometido este pueblo al hacerse dioses de oro! Sin embargo, yo te ruego que les perdones su pecado. Pero si no vas a perdonarlos, ¡bórrame del libro que has escrito!» (Éxodo 32:31-32). ¡Increíble! Esta vez Moisés da un gran paso de fe. En esencia él dice: «Dios, entiendo tu justicia y sé algo acerca del perdón. Voy a ofrecer el único perdón para mi pueblo que pueda ser aceptable para ti. Aquí estoy; bórrame de tu libro y no a ellos».

Moisés no desafía a Dios. Él no dice, como algunos sostienen: «Señor si no quieres a Israel, tampoco me tienes a mí». Aquí Moisés se presenta como un sacrificio de perdón por los pecados de su pueblo. Se ofrece a hacer lo que Jesús hace. Actúa y habla a través de la revelación con tal entendimiento perfecto del carácter de Dios y sus propósitos, que cientos de años más tarde, Dios elige a Moisés para ir con Elías al Monte de la Transfiguración y habla con Jesús de lo que su muerte por perdón iba a conseguir (Lucas 9:30-31). Visualicemos que al interceder por su nación en vez de aceptar los planes de Dios, Moisés cambia la historia en más de una manera.

La respuesta de Dios al ofrecimiento de perdón de Moisés es esta: «Solo borraré de mi libro a quien haya pecado contra mí» (Éxodo 32:33). Los israelitas deberán pagar la pena que su pecado requiere. Por el bien de Moisés, Dios no los destruye completamente.

En el siguiente período, Moisés y Dios se acercan. «Hablaba el SEÑOR con Moisés cara a cara, como quien habla con un amigo» (Éxodo 33:11). ¡Qué declaración tan asombrosa! ¡Moisés y Dios hablan sobre ciertas cosas tal como usted y yo lo haríamos en la puerta de mi casa! En una de estas conversaciones, Moisés se acerca a Dios con un pedido notable: «Pues si realmente es así, dime qué quieres que haga. Así sabré que en verdad cuento con tu favor. Ten presente que los israelitas son tu pueblo» (Éxodo 33:13). Moisés sabe que encontró gracia ante los ojos del Señor. Dios no hablaría con él a diario si no tuviera que hacerlo. De esa manera Moisés tiene a Dios como su amigo. Él puede solicitarle cualquier cosa, y de manera predecible le requiere lo que más le interesa como fiel intercesor de Israel. «Ayúdame a conocerte mejor», le pide, «puedo continuar siendo tu amigo y asegurarme que esta nación es verdaderamente tu pueblo».

Dios responde a la súplica de Moisés con una respuesta verbal: «Está bien, haré lo que me pides —le dijo el SEÑOR a Moisés—, pues cuentas con mi favor y te considero mi amigo» (Éxodo 33:17). Esta bella afirmación prepara a Moisés para solicitar algo más importante que nadie pidió a Dios con anterioridad: «Déjame verte en todo tu esplendor» (Éxodo 33:18). O como lo traduce una erudita: «Show me Thine own self!» (Helen Spurrell) ¿Puede imaginarse cómo le debió tocar el corazón a Dios el hecho de que Moisés formulara tal pedido notable? Dios responde sin dudar: «Voy a darte pruebas de mi bondad, y te daré a conocer mi nombre». (Éxodo 33:19)

Dios le da a Moisés lo que no le dio a ningún hombre. Allí en el Monte Sinaí, el Señor Jehová da pruebas de «toda su bondad» a Moisés, escondiendo todo, excepto su rostro, para proteger a Moisés. «Pero debo aclararte que no podrás ver mi rostro, porque nadie puede verme y seguir con vida» (Éxodo 33:20). A medida que avanza este espectacular relato Dios anuncia quién es él, dándonos otra visión sorprendente de su carácter: «El SEÑOR, el SEÑOR, Dios clemente y compasivo, lento para la ira y grande en amor y fidelidad, que mantiene su amor hasta mil generaciones después, y que perdona la iniquidad, la rebelión y el pecado» (Éxodo 34:6-7).

Nuevamente Dios revela su carácter explicándole a Moisés el significado de su nombre, que es la manera de Dios de decir: «Moisés, me pediste conocerme; así es como soy:

–Tiernamente compasivo, amable, comprensible

–Paciente, razonable, lento para la ira

–Leal y verdadero

–Recto y justo».

Dios hace que el entendimiento de Moisés se amplíe al anunciarse con un nombre doblemente enfático, «El Señor, el Señor» (que también puede ser traducido «El eterno Dios, el soberano de todas las cosas»). Esto le recuerda a Moisés la autoridad y poder soberano de Dios.

¿Cómo responde Moisés a esta sorprendente revelación? De manera predecible, el gran intercesor pone a funcionar sin demora su nueva sabiduría para su pueblo. «Dios», dice él, «cuando tú te llamas por tus nombres y veo quién eres, ¡me da esperanza que perdonarás los pecados imperdonables de mi pueblo! Entonces te pido, a pesar de todo, que vuelvas a nosotros y que nos adoptes como tu herencia !». Esto es seguramente una de las oraciones estratégicas más brillantes de todos los tiempos.

Asimismo, es una de las más efectivas: «Mira el pacto que hago contigo —respondió el Señor—. A la vista de todo tu pueblo haré maravillas que ante ninguna nación del mundo han sido realizadas. El pueblo en medio del cual vives verá las imponentes obras que yo, el Señor, haré por ti». (Éxodo 34:10).

¿Puede interpretar lo que sucede aquí? Moisés se dirige al Señor con un profundo entendimiento de su carácter revelado, y Dios le responde de inmediato dándole a Moisés todo lo que él pide, y mucho más. También le concede a los israelitas lo que ellos no se merecen, es decir, una nueva oportunidad.

Analicemos lo que sabemos acerca de Dios desde esta breve porción de las Escrituras. Dios no es solo el rey soberano, eterno, justo y compasivo, sino también nuestro amado padre que perdona y es fiel a su Palabra. También vemos que

Dios no quiere lastimar o destruir a su pueblo y llega a límites increíbles para evitarlo, perdonando no solo una o dos veces, sino «setenta veces siete» antes que su bondad demande finalmente el pago de la penalidad por pecar. Nadie fue capaz de decirle a Dios: «¡No me diste una oportunidad!» Dios siempre concede más oportunidades de las que merecemos para apartarnos del pecado y convertirnos en sus amigos.

Ante todo observamos que la comprensión del carácter de Dios y sus objetivos es esencial a todo lo que hacemos en el reino espiritual. La respuesta a la pregunta: «¿Quién es Dios?» es la base de toda oración porque solo podemos relacionarnos con él de una manera superficial hasta que realmente comprendemos quién es Dios.

Cuando usted inicia una nueva amistad, lo primero que hace es observar y hacer preguntas acerca de la personalidad y carácter de la otra persona. ¿Cómo es él? ¿Es tranquilo y paciente, o impaciente? ¿Es inflexible o dispuesto o flexible a nuevas ideas? ¿Escucha con interés y respeta o prefiere monólogos? ¿Hace un esfuerzo o quiere una relación de dar y tomar, en la que usted da el cien por ciento mientras que el otro toma el cien por ciento? ¿Juzga a las personas de manera justa y razonable o las condena sin importar las circunstancias? ¿Es amable o severo? ¿Cree usted lo que él dice o exagera y lo engaña, haciendo promesas que no tiene intención de cumplir?

Al formular este tipo de preguntas, decidimos cuál es el potencial disponible para edificar una amistad. De esta forma construimos una base de suposiciones sobre la cual puede continuar la relación. No podemos ser amigos de alguien que es completamente impredecible y poco fiable. Tenemos ciertas necesidades y expectativas, y cuando ellas no se cumplen, no es posible establecer una relación saludable y satisfactoria. Es necesario formularnos interrogantes y realizar un análisis exhaustivo para encontrar las razones del comportamiento de estas personas, porque ellas van a demostrar lo que podemos esperar en el futuro. Cuando no entendemos algo decimos: «¿Por qué hiciste eso? ¿Qué pensabas?» Hacemos un esfuerzo para descifrar los principios de orientación y poder anticipar cómo va a reaccionar nuestro amigo con nosotros y con el mundo. Por supuesto, este es el mismo proceso que deberíamos seguir para construir nuestra amistad con Dios.

¿Qué sabemos de él? ¿Cómo actúa? ¿Qué hizo antes? ¿Cómo se describe él mismo? ¿Cuál es nuestra experiencia con él? Estas son preguntas esenciales que deben ser formuladas antes que podamos influenciarlo a través de la oración.

Atrévase a preguntarle a un musulmán: «¿Quién es Dios?» y verá que responderá con un recitado de 99 atributos de Dios. Pero ninguno de ellos lo menciona como Padre. Esa es otra diferencia fundamental entre nuestro Dios y los dioses adorados por cada religión sobre la tierra. Los cristianos pueden llamar a Dios «padre» porque Jesús nos dijo quién es él: nuestro padre. En realidad él es más que un padre, el es *abba*, que en el lenguaje hebreo significa «papi» o «papá». Nuestro Dios es el papá cuyo regazo podemos trepar como lo hacen los niños pequeños, porque sabemos que nos ama sin reserva.

Esa es una respuesta a la pregunta «¿quién es Dios?» Él no es solo el Padre, es nuestro papá. ¿Pero qué más sabemos de él? La revelación multifacética del carácter de Dios en las

Escrituras enfatiza otras tantas cualidades que lo hacen diferente de los otros dioses y «profetas» de cualquier religión. Una de las más importantes, por supuesto, es que él es amor. Nosotros somos criaturas que no podemos vivir sin ese poderoso sentimiento porque fuimos hechos a imagen de Dios. Nuestras mentes, espíritus y emociones anhelan el amor de Dios. Nunca podemos satisfacer completamente ese anhelo fuera de Dios, porque «Dios es amor ... Nosotros amamos a Dios porque él nos amó primero» (1 Juan 4:16,19).

Dios se define a sí mismo como el gran amante de la humanidad que ansía ser retribuido con el mismo sentimiento. Decenas de Escrituras revelan la profundidad y ternura del amor de Dios por nosotros, que incluyen la canción completa de Salomón, sin dudas la más hermosa canción de amor jamás escrita. Dios expresó su sentimiento a través de Jeremías al decir: «Hace mucho tiempo se me apareció el SEÑOR y me dijo: Con amor eterno te he amado; por eso te sigo con fidelidad» (Jeremías 31:3). En otra parte de este libro dice, «Yo soy el SEÑOR, que actúo en la tierra con amor, con derecho y justicia, pues es lo que a mí me agrada». (Jeremías 9:24).

No solo las palabras de Dios son bondadosas. Sus actos también lo son. No existe ningún dios en la historia de la humanidad más que el nuestro, que no solo proclama amarnos, sino que lo demostró dando su vida por nosotros. No podemos dudar acerca de la calidad o cantidad ilimitada de ese amor. Como dice el versículo: «Le pregunté a Jesús, "¿Cuánto me amas?" y Jesús dijo: "Mucho" y estiró sus brazos y murió».

Muchas personas se oponen a la idea que un Dios bondadoso podría crear un mundo en el que existe tanto dolor y miseria. Esa discusión se acentuó por siglos, pero Jesús lo resolvió por completo cuando tomó nuestro lugar en la cruz. Esa fue la gran respuesta de Dios. Como cristianos sabemos también que el dolor y la miseria en este mundo no son productos de Dios o de su elección. En definitiva él padeció por nosotros, y no quiere que suframos. Por amor nos concedió poder de decisión. Solo nosotros somos responsables de permitir que las fuerzas del mal causen estragos en nuestro mundo. El sufrimiento que experimentamos es consecuencia natural de una conducta pecaminosa. Como seres humanos, somos los hacedores de nuestra propia miseria. Dios es solo él autor del amor.

En las Escrituras existen miles de evidencias que ejemplifican el carácter bondadoso, justo, recto y paternal de Dios. Como es obvio no podemos hablar aquí de todos, pero vimos un número de características que nos van a permitir relacionarnos con Dios en un nivel más íntimo. Más allá de eso, ¡usted tiene una eternidad para explorar las riquezas ilimitadas de la personalidad y el espíritu de Dios!

Sin embargo, existe otra característica a la que quiero hacer referencia y es la sutil e importante calidad de coherencia. Dios prueba por sus propias acciones que él *es* todas las cosas.

Puede encontrar una cierta ironía en esto. Por un lado Dios es consecuente, y por otro como lo prueban las Escrituras claramente, él puede y cambia de parecer. ¿Cómo podemos entenderlo de ambas maneras?

Sin embargo, hay una verdad profunda en esta aparente ironía. Dios siempre va a actuar de manera consecuente con su carácter revelado y sus propósitos. Estos no cambian.

Ahora, en lo más íntimo de nuestro ser sabemos que él es un Dios compasivo y bondadoso abierto a las necesidades y deseos de aquellos que lo conocen. En otras palabras, *el carácter, la naturaleza y los propósitos de Dios no tienen cambios, pero sus planes son flexibles.*

Esa flexibilidad nos otorga la oportunidad de girar el curso de nuestro mundo a través de la oración cuando sabemos cómo reunir las condiciones para cambiarlo y eso nos conduce al tema de su voluntad. Cuando comenzamos a conocerlo mejor, empezamos a comprender sus planes para el mundo. Luego, cuando seguimos la guía de las Escrituras y aprendemos a orar de manera consecuente con sus propósitos bondadosos y sagrados, nos involucramos para realizar o algunas veces cambiar los planes de Dios. En realidad, esta es la manera que lo glorificamos y nos transformamos en verdaderos participantes de su obra creadora. Un simple análisis del profeta Elías nos ayudará a comprender aun más.

LA VOLUNTAD DE DIOS

Tal vez, después de leer la historia de Moisés y los hijos de Israel vista anteriormente, usted piense que él fue un hombre increíble y que nosotros no podríamos ser como él. ¿Será así realmente?

Observemos cómo las Escrituras describen a otro gran héroe de la Biblia:

Elías era un hombre con debilidades como las nuestras. Con fervor oró para que no lloviera, y no llovió sobre la tierra durante tres años y medio. Volvió a orar, y el cielo dio su lluvia y la tierra produjo sus frutos.

SANTIAGO 5:17-18

Nuevamente lea la primera oración: Él «era un hombre con debilidades como nosotros» sujeto a la misma clase de miedos, distracciones, problemas y dudas. Elías tenía desventajas con respecto a nosotros: Jesús todavía no había hecho su aparición en escena, ni tampoco el Espíritu Santo para entregar poderes a los creyentes. Él oró y no llovió por tres años. Cuando volvió a hacerlo, la lluvia cayó. ¿Cómo interpretamos este hecho? Elías conocía a Dios y comprendía su voluntad. De esta manera, cuando él oró, Dios cambió de parecer.

Esta historia contada en 1 Reyes 17:18 nos ayuda a visualizar la conexión entre conocer la voluntad de Dios y su cambio de parecer. Observemos qué aprendizaje podemos obtener de la manera en que finalizó un período de sequía poco común. Primero, detectamos aquí la armonía entre Elías y Dios, como si dos amigos trabajaran para cumplir un plan divino. Elías mencionó que la lluvia vendría solo «hasta que yo lo ordene» (17:1) y Dios le hizo saber en el tercer año que pronto sería el tiempo de cumplir con dicha palabra (18:1). En 1 Reyes 18:41-46 leemos que Elías era consciente del sonido de la fuerte lluvia mucho antes que una nube se apareciera en el cielo. ¿Su respuesta? La oración. «Se inclinó hasta el suelo» y comenzó a interceder, y envió a su siervo siete veces a observar el cielo en dirección al mar. Finalmente, una pequeña nube apareció y se desató una fuerte lluvia.

Esto nos sugiere que al conocer Elías a Dios, sabía también dos cosas: Dios quería que él pidiese por la lluvia y si Elías no se hubiese predispuesto a orar, Dios no hubiese cambiado de parecer acerca de la sequía, es decir acabar con ella.

Elías conocía la voluntad de Dios y la palabra ya había sido dada, no obstante ello, necesitaba todavía una intercesión intensiva para que Dios implementase su plan. A propósito del tema, ¿Usted oró alguna vez con su cabeza entre las rodillas sobre un piso rocoso? ¡Intente hacerlo! El no ver esto trajo mucho sufrimiento al mundo. ¿Dónde están hoy los Elías que pueden hacer cambiar de parecer a Dios?

Elías no era un ser «especial». Su íntima relación con Dios fue el distintivo que hizo de él un ser excepcional. A través de ese acercamiento, él sabía cómo interceder de una manera que diera resultados positivos.

¿Quién puede hacer cambiar de parecer a Dios? Indiscutiblemente aquellos que estén más próximos a él, los que tengan la capacidad de comprender su carácter y voluntad; aquellos deseosos de creer que Dios no solo da la bienvenida a nuestras oraciones para cambiar de parecer, sino que las quiere. Esto nos brinda a usted y a mí una gran oportunidad porque Dios busca hoy a otros Moisés o Elías, es decir, hombres y mujeres que hagan de su amistad la prioridad de sus vidas. Nosotros tenemos el mismo potencial heroico, no para hacer el mismo trabajo, sino para tener impacto similar en el mundo que ellos tuvieron gracias a sus oraciones.

La oración no es solo el gran «ascensor» que puede llevar a cada creyente a la presencia del Rey; es también el gran «equitativo» que nos da igual acercamiento a Dios. Cualquiera sean nuestras experiencias, inteligencia, saldos bancarios, educación, posición social o circunstancias familiares, usted y yo tenemos el mismo acceso a él que cada «gigante espiritual» que la historia tuvo. Con Moisés, Elías, Abraham, Pablo y muchos otros, nosotros podemos compartir «los tesoros de la oscuridad, las riquezas guardadas en lugares secretos» (Isaías 45:3) prometidos por Dios a sus amigos. Cuando tenemos esa relación íntima con él, no existe límite de lo que nuestras oraciones pueden lograr.

El interrogante es, ¿cuáles son los requisitos para construir esta clase dinámica de relación? No hay misterio sobre esto porque Dios hizo el camino llano, ya que él ansía estar cerca nuestro. Si seguimos la guía de oración de las Escrituras de acuerdo a la voluntad de Dios, tendremos una comunión espontánea, honesta y vital que no tiene límites. (Discutiremos estas guías en el próximo capítulo). Dentro de ese marco, realizaremos las grandes cosas de las que habló Jesús a través de nuestras oraciones. Llegaremos a Dios con una gran seguridad y entusiasmo porque sabremos quién es él. Automáticamente, oraremos «de acuerdo a su voluntad» porque entenderemos cuáles son sus propósitos y podremos discernir su voluntad en cada situación, y nuestras oraciones lo van a reflejar. ¡Así es como nuestra relación con Dios debería funcionar!

Los apóstoles y profetas comprendieron esto. Cada «héroe de fe» lo fue solo hasta el punto de desarrollar una verdadera amistad con Dios. Como lo escribió el apóstol Pablo a los creyentes en Filipo:

> *Es más, todo lo considero pérdida por razón del incomparable valor de conocer a Cristo Jesús, mi Señor. Por él lo he perdido todo, y lo tengo por estiércol ... Lo he perdido todo a fin de conocer a Cristo, experimentar el poder que se manifestó en su resurrección, participar en sus sufrimientos y llegar a ser semejante a él en su muerte.*
>
> FILIPENSES 3:8-10

¡Qué declaración tan impactante! Pablo quería dar todo lo que tenía, incluyendo su vida, y así poder conocer a Jesús. Esa era su prioridad número uno. También era la de Dios. ¿Cuál fue el resultado? Hoy usted y yo somos personas diferentes, que vivimos en un mundo diferente que hubiese resultado un caos si Pablo no hubiese conocido al Señor como lo hizo. Al realizar un análisis profundo, vemos que las oraciones de los amigos de Dios no solo cambian a los individuos que oran sino que tienen un efecto dominó que continúa a lo largo de la historia. Y, ¡algunas veces también hacen que Dios cambie de parecer!

No puedo hacer suficiente hincapié en el sentido que Dios no reserva esta clase de comunicación para lo «súper espiritual» o para aquellos con un don especial. Él desea allegarse a nosotros de la manera en que podamos entenderlo. Él hizo todo lo imaginable e infinitamente más para lograr ese propósito. ¿Sabía usted que cada religión en el mundo tiene dioses que deben ser encontrados por el hombre, mientras que nuestro Dios es el único que nos busca a nosotros?

Comenzando con Adán y Eva en el huerto del Edén,

Dios viene en nuestra búsqueda y no espera que nosotros lo encontremos a él. En la grandeza de su amor, siempre hizo el primer movimiento. Nos llamó a través de los profetas, pudimos acceder a él a través de Jesucristo y por último, envió al Espíritu Santo para que nos ayudase a lograr una perfecta armonía y compañerismo con él. Nuestro Dios procura una unión más cercana con nosotros. Solo tenemos que responder a su ofrecimiento de intimidad. «Así dice el SEÑOR: Que no se glorie el sabio de su sabiduría, ni el poderoso de su poder, ni el rico de su riqueza. Si alguien ha de gloriarse, que se glorie de conocerme y de comprender que yo soy el SEÑOR, que actúo en la tierra con amor, con derecho y justicia, pues es lo que a mí me agrada -afirma el SEÑOR» (Jeremías 9:23-24).

Permítame relatarle una historia, y espero que este ejemplo sea el correcto. No es que la alternativa sea incorrecta, simplemente es dolorosa. Solo me puede afectar en la medida que le concedo a usted entrar en mi corazón. ¿Y no es allí también dónde podemos lastimar a Dios?

Años atrás, antes que alguien se uniera a mí en mis largos viajes a los países comunistas, comencé a pedirle a Dios por una esposa y una familia. Sentía entonces que una familia sería un antídoto para la soledad que seguía a cada viaje largo y peligroso.

Muchas veces, la respuesta de Dios era clara e inequívoca: «Porque más hijos que la casada, tendrá la desamparada» (véase Isaías 54:1).

No estaba contento con esa respuesta, y continué con mis oraciones, pidiéndole a Dios que me diera una esposa e hijos. Y Dios respondió con una esposa y cinco maravillosos hijos que aman al Señor y le sirven. En síntesis, yo recibí lo que pedía a pesar de la respuesta negativa inicial de Dios, por llamarla de cierta forma.

Ahora en retrospectiva puedo volver a esos años y comprender porqué Dios me lo negó en primera instancia. Él sabía el dolor casi insoportable y el sufrimiento que una familia me traerían en los años venideros. Solo él podía ver que ellos se podían convertir en cargas, en un sentido muy real, que yo tenía que llevar en mis viajes extensos y peligrosos. La gran preocupación por «mi familia en casa» causaría una profunda tristeza. La nostalgia, algo que nunca antes experimenté, me seguiría donde fuese.

Sumado a eso, recuerdo la tristeza y ansiedad que mi familia padecía durante mis prolongadas ausencias. Mis hijos crecieron mientras yo me encontraba lejos la mayor parte del tiempo, fuera de alcance, no disponible ni siquiera por teléfono o servicio postal. Cuando la crisis familiar se desató, mi esposa tuvo que manejarlo todo sin mi ayuda o participación. Debido a la naturaleza de mi trabajo, siempre tuve que hacer lo mismo.

Inclusive ahora, mientras escribo esto, estoy en las Montañas Shouf en el Líbano, rodeado de cientos de druzos armados. Termino de almorzar con Walid Jumblatt, el líder indiscutible de todos los druzos, en su palacio. Nadie sabe que estoy aquí y no lo puedo compartir con nadie.

Ahora comprendo más que nunca que la intimidad con el Señor Jesús es lo que hará que nuestra vida sea importante como debería serlo.

Capítulo tres

Pedir acorde a la voluntad de Dios

Ahora que sabemos de la importancia de la intimidad en la oración para que Dios cambie de actitud, podemos comenzar a aprender mucho más acerca de su voluntad. Lo importante es crecer con la confianza de conocer esa voluntad y saber asimismo cuándo pedirle que cambie de parecer.

Descubrí curiosamente que los que cuestionan conocer más la voluntad de Dios, son los que poseen menos probabilidades de avanzar en esta área, sobre todo en asuntos donde la voluntad de Dios se plantea en la Biblia de manera muy clara.

Ellos formulan dos preguntas, y estas parecen surgir en casi todos los lugares donde hablo sobre el tema de la oración: «¿Cómo puedo saber cuál es la voluntad de Dios?» y «¿Cómo puedo estar seguro que oro de acuerdo a su voluntad?» Cuando los escucho, siempre contengo un pequeño suspiro porque sé que muchas veces lo que la gente dice en realidad es «estoy esperando que Dios me telegrafíe las instrucciones desde el cielo antes que haga algo en el reino espiritual».

Es demasiado fácil usar como excusa nuestra ignorancia sobre la voluntad de Dios para no hacer nada. Muchos cristianos me dijeron: «Yo iría al campo de la misión solamente si estuviese seguro que es la voluntad de Dios». Cuando alguien me dice esto, yo respondo: «Está bien, entonces le diré cuál es la voluntad de Dios: "Vaya". ¿Cree usted que irá?»

¡Lamentablemente no! Cuando digo esto, la respuesta por lo general los pone nerviosos, «Oh, sé que Jesús dijo eso pero ¿cómo puedo estar seguro que es la voluntad de Dios para mí? Después de todo, existen muchos factores involucrados en esta decisión. Debería dejar mi trabajo, y mis hijos serían desarraigados. ¿A qué lugar iríamos exactamente? En estos tiempos muchos países son peligrosos y no podría exponer a mi familia a eso. No, antes de hacer algo tan drástico, necesitaría tener una palabra del Señor que me asegurara que fue su real voluntad para mí».

Creo que las personas que responden de esta manera no están muy interesadas en la voluntad de Dios, porque si lo estuvieran, estarían fuera cumpliendo con ella en vez de mantener una alternativa más cómoda. Simplemente encontraron una manera efectiva de sortear la voluntad de Dios. Después de todo, ¿qué podría resultar más espiritual que «no voy a hacer nada hasta que Dios me muestre que es su perfecta voluntad?» Podríamos utilizar esto como una excusa para evitar hacer prácticamente nada.

Podría decir un hombre: «Yo pagaría mis impuestos, pero primero tengo que asegurarme que es la voluntad de Dios. Quizás Dios prefiera que done ese dinero a la iglesia o que lo use para mi familia». Como es lógico, si hiciera eso, el gobierno tomaría todas sus decisiones por él. Pero nosotros sabemos que Dios nunca diría tal cosa en primer lugar, porque Jesús nos enseñó: «Dar al César lo que es del César» (Marcos 12:17). Conocemos su voluntad sin tener que pedirle a él que la revele cada año. Pueden existir raras excepciones a la regla, pero normalmente podemos actuar según la voluntad expresa de Dios sin esperar por instrucciones del cielo nuevas o revisadas. Dios habló y su carácter y principios son los mismos y nosotros podemos apostar nuestra vida por ellos.

En la actualidad muchos cristianos no comprenden esto. Esperan siempre que el Señor revele su voluntad, en especial en asuntos tan importantes como la evangelización o la intercesión, cuando su voluntad ya es más que clara. Tal vez esperarán por siempre, porque la revelación especial que ellos buscan no vendrá y esto les dará a ellos la excusa que necesitan para evitar hacer lo que ellos en realidad no quieren.

Estimo que las palabras no son duras, mas bien precisas. Necesitamos reconocer la apatía y vagancia si deseamos erradicarlas de nuestra vida y hacer lo que Dios nos encomendó. La intención de él no fue que viviéramos en un estado de ánimo detenido por esperar una palabra de él sobre qué hacer. Sus propósitos y voluntad no son un misterio. En la mayoría de los casos, podemos y deberíamos conocerlos. Dios y su voluntad son inseparables.

Piense en eso de esta manera: ¿Verdad que nosotros sabemos por instinto qué les agrada a nuestros padres? Entendemos los principios que los guían, lo que aprueban y desaprueban. Comprendemos reglas como: «Nunca le pegues a tu hermana» o «dirígete con respeto a tus padres». Más allá de estas reglas específicas, también conocemos los lineamientos generales que aprendimos de la experiencia diaria en nuestra familia. Cuando fuimos niños, por ejemplo, en la escuela no teníamos que detenernos cada cinco minutos y correr hacia nuestros padres para preguntarles, «¿ahora es tu voluntad que yo estudie hoy la lección de aritmética? ¿Debo terminar los problemas que nos dio nuestra maestra?»

No nos preocupábamos sobre cosas como esas. Conocíamos los principios que nuestros padres nos inculcaron y podíamos asumirlo todo por adelantado, en el sentido que debíamos estudiar mucho y finalizar la lección de aritmética del día. Al conocer a nuestros padres, sabíamos qué hacer cada hora sin tener que preguntar, «¿esto es en realidad lo que quieren?» Ciertos principios prevalecen para que podamos actuar usándolos como carteles indicadores. Nos sentiríamos seguros al saber que nuestros padres estarían complacidos si actuásemos de esa manera.

Esto le da a los niños una seguridad inmensa. Sin este conocimiento básico creceríamos en desorden y demasiado temerosos de tomar decisiones incorrectas. Estaríamos neutralizados y seríamos incapaces de escoger nuestro camino a lo largo de la vida porque no podríamos estar seguros si nuestras acciones tendrían la aprobación de nuestros padres o implicarían una reprimenda. Pasaríamos la mayor parte de nuestro tiempo en un estado de ansiedad constante, preguntándonos si cada cosa pequeña que ansiaríamos llevar a cabo haría que el mundo se desplomara a nuestro alrededor.

Desafortunadamente algunos niños crecen en familias cuyos padres no se preocupan por enseñar principios, reglas o pautas claras. A menudo, estos niños se convierten en adultos que no funcionan bien en la sociedad. Sus vidas reflejan el caos y la incertidumbre de sus primeros años de vida. Pero esta no es la manera que Dios quería que fuesen las familias. De hecho, no es la forma que él conduce a su propia familia.

¿Entonces cuáles son los principios y propósitos eternos que pueden ayudarnos a comprender y aplicar la voluntad de Dios en cada situación de nuestra vida? Sobre el particular, las Escrituras nos ofrecen una guía tan clara que podríamos dedicar un libro completo solo a esa pregunta. El trabajo presente se refiere a la oración y el hacer cambiar de parecer a Dios, de esa manera nos vamos a limitar a los principios que nos ayuden a decidir sobre cómo determinar si pedimos de acuerdo a su voluntad. Hasta que no estemos seguros de eso, no podemos esperar que nuestra oración sea efectiva.

A continuación veremos siete puntos. En el próximo capítulo aplicaremos estos principios a situaciones que usted y yo enfrentamos día a día.

Número 1: Darse cuenta que la voluntad de Dios es algo que conocemos progresivamente, no de manera instantánea.

A medida que nuestra intimidad con Dios se incrementa, también lo hace nuestra comprensión de su voluntad. No podemos pretender comprenderlo todo acerca de él o su voluntad a lo largo de nuestra vida sobre la tierra. El único hombre que siempre lo conoció y obedeció fue Jesús.

Nosotros tenemos un destino eterno en Jesús y (como lo mencioné en el último capítulo) exploraremos las riquezas del carácter de Dios. Ahora, es el comienzo.

Somos hijos que se dedican a conocer a su Padre. Tratamos de descubrir acerca de quién es él y de esa manera poder disfrutar nuestra relación y crecer a su lado a lo largo de los años venideros. A medida que nuestras oraciones nos acercan a Dios, él nos muestra cada vez más de él, y su voluntad se convierte en la nuestra.

Número 2: Recuerde que, aunque la mayoría de las veces podemos conocer la voluntad de Dios, ya que obedecemos y conocemos su Palabra, habrá momentos en los cuales necesitaremos esperar por pautas específicas acerca de situaciones donde su voluntad no es muy clara.

No somos esclavos de la ley de Dios. La Biblia dice que es nuestro maestro, nos señala a Cristo y nos enseña asimismo que no podemos obedecer a Dios de manera perfecta todo el tiempo. Somos seres humanos que necesitamos la gracia, el perdón y la guía de Dios. Sin importar cuán bien lo conocemos ni cómo rendimos nuestra vida totalmente a él, siempre habrá ocasiones donde no estaremos seguros de lo que Dios quiere que realicemos. Cuando enfrentamos esta clase de problemas tenemos derecho a una guía clara, y Dios siempre la da.

En este sentido, el conflicto que la mayoría de nosotros tiene, es que (como dije al comienzo de este capítulo) también decimos a menudo que necesitamos una palabra del Señor que nos exprese su voluntad cuando él ya la reveló. De esa forma deberíamos estar seguros antes de pedir una guía especial, si todavía no la tenemos.

Me enteré que un hombre cristiano casado dijo: «Me enamoré de otra mujer, estoy pensando en divorciarme de mi esposa para casarme con ella. Le ruego a Dios que me de una señal si se supone que no debo hacerlo». Dios no va a responder las oraciones de este individuo. Su voluntad es clara y no se necesita oír una voz desde el cielo para confirmarlo. El hombre juega con Dios, y espera usar su silencio como excusa para pecar.

Esta es una buena regla a seguir. Si pide una guía especial y no la obtiene, examine lo que usted ya conoce de la voluntad de Dios para determinar si usted ya recibió su respuesta.

Sin embargo, existen circunstancias legítimas donde no podemos discernir qué deberíamos hacer o cómo deberíamos orar, y cuando eso sucede podemos pedirle a Dios que nos dé una ayuda especial. Él nos dará pautas confiables para que de esa forma podamos ser el centro de su voluntad. El Espíritu Santo obrará de diferentes maneras para mostrarnos la voluntad de Dios en situaciones específicas.

Por ejemplo, cuando observamos atentamente las circunstancias y hechos de nuestra vida, a menudo obtenemos claves acerca de lo que Dios quiere que hagamos. Una mujer podría considerar realizar un cambio en su carrera que requiriese mudarse a una ciudad lejana, y cuando le pide a Dios una ayuda, podría encontrar que las personas de manera inesperada se ponen en su camino para alentarla y ayudarla a dar el paso. Ese podría ser Dios que habla a través de las circunstancias para revelar su voluntad.

Pero ella no debería tomar la decisión solo sobre esa base. También le puede pedir al Espíritu Santo que confirme este camino para que aclare todas las dudas.

Dios siempre está dispuesto a confirmar su voluntad porque nuestro pedido de fe es evidencia. Algunos dicen que Gedeon pecó cuando sacó su vellón pidiéndole a Dios que confirmara y reconfirmara su voluntad. ¡Pero Dios le dio a Gedeon precisamente lo que pidió! No hay nada malo en pedir por esta clase de ayuda cuando en verdad la necesitamos. Hay más sobre vellones y confirmación en el capítulo cinco.

Es correcto estar seguros cuando pedimos a Dios que nos confirme su voluntad específica, y que estamos dispuestos a obedecerle cuando él la cumple. Si usamos pedidos de confirmación como táctica de demora, actuamos inapropiadamente. Si esperamos hacer uso de la falta de confirmación como excusa para pecar, como la manera de actuar del hombre que acabamos de mencionar, estamos frente a un grave problema. Cuando buscamos saber y pedir por algo y cumplimos la voluntad de Dios es el Espíritu Santo quien dirige nuestros pensamientos y acciones.

Número 3: Nunca ore: «Si es tu voluntad...» Llegar a la oración de esa manera es un camino firme para destruir su efectividad. Aunque muchos piensen que es un patrón bíblico, ¡en realidad es un insulto a Dios!

Cuando procedemos de esa manera, Dios nos responde: «No quiero oír esa clase de conversación! ¿No me conocen lo suficiente como para saber mi voluntad? Si no me conocen, ¿por qué debería darles algo?» Los cristianos repitieron estas palabras por años. Tomaron un simple versículo (Santiago 4:15) fuera de contexto y lo transformaron en una doctrina que enmarca de manera perfecta en el fatalismo cristiano del que hablamos en el capítulo primero.

En este caso, el versículo es parte del reproche de Santiago hacia los hombres que presumían de lo exitosos que eran en sus planes de negocios. Santiago les dice en esencia: «Ni siquiera saben si estarán vivos el año próximo y se jactan de lo ricos que serán. Usted debería decir: "Si Dios quiere, haré esto o aquello el año venidero"». Obviamente estos hombres se olvidaron de las palabras de Salomón: «No te jactes del día de mañana, porque no sabes lo que el día traerá» (Proverbios 27:1).

Santiago criticaba a esos hombres por dos razones: primero porque ellos hacían alarde de cosas que no sabían (eso es arrogancia) y segundo porque no tuvieron en cuenta la voluntad de Dios (eso es atrevimiento). Dios nunca nos dijo que seamos ricos o exitosos; en realidad él nos manifestó una y otra vez no quedar atrapados en la búsqueda de tesoros y placeres pasajeros de este mundo. Si estos hombres hubiesen tenido conocimiento de Dios, su actitud habría sido diferente. Habrían procurado con humildad realizar la voluntad de Dios y no tratar de sumar tanto orgullo por planes insensatos. ¡Dios no quiere que fracasemos! Siempre desea que lo busquemos a él y no a las cosas que las polillas y el óxido destruyen.

De cualquier manera, la declaración de Santiago es más que un clamor que nosotros deberíamos tener presente al orar: «Si es tu voluntad». En realidad, este es el único versículo en la Biblia que sugiere que todos deberían pronunciar: «Si Dios quiere, haremos esto o aquello». El resto de la Biblia expresa que nosotros podemos, y debemos saber la voluntad de Dios al conocerlo y comprender su Palabra. Así, podemos vivir y orar con fuerza y autoridad, no para nuestro propio beneficio egoísta, sino para la gloria de Dios.

Algunos cristianos usan también las palabras de Jesús en el Jardín de Getsemaní para reforzar la idea que deberíamos orar «Si es tu voluntad». Usted recordará que Jesús dijo en su oración, «Padre mío, si es posible, no me hagas beber este trago amargo. Pero no sea lo que yo quiero, sino lo que quieres tú».

También oró: «Padre mío, si no es posible evitar que yo beba este trago amargo, hágase tu voluntad» (Mateo 26:39,42).

¿Decía Jesús en realidad: «Padre, no quiero morir en la cruz, pero lo haré si insistes?» No creo en eso por ahora. Recuerde que fue poco antes de este acontecimiento que Jesús dijo refiriéndose a su próxima crucifixión: «Ahora todo mi ser está angustiado, ¿y acaso voy a decir: "Padre, sálvame de esta hora difícil. ¡Si precisamente para afrontarla he venido!"» (Juan 12:27). Es obvio que Jesús no haría tal enfática declaración o cambiaría por completo de opinión en Getsemaní ni le pediría a Dios que evite esa cruz.

¿Entonces para qué oraba Jesús? Estoy persuadido que el «trago amargo» que le pedía a Dios que le evitase, era la muerte prematura como resultado de la presión satánica aplastante que le producía transpirar gotas de sangre (Lucas 22:44) y su alma estaba abrumada de pena: «Es tal la angustia que me invade, que me siento morir» (Mateo 26:38). Jesús sabía que si moría como resultado de esta presión, su última misión sobre la tierra no podría ser llevada a cabo. Entonces la oración fue en esencia: «Padre, deja pasar este trago amargo: no quiero morir aquí. Si cambiaste de parecer acerca de la cruz, te pido que lo hagas de nuevo. Y si alteraste ese plan, por qué no me lo dijiste?» Esa fue la razón más grande de su agonía.

Aquí observamos que también Jesús oró para que Dios cambiara de parecer. En Hebreos se dice que su oración fue escuchada (Hebreos 5:7) y sabemos que no solo sobrevivió a la experiencia agonizante de Getsemaní, sino que se fortaleció. Cuando finalizó la oración, las palabras de Jesús a sus discípulos fueron casi triunfantes: «¡Levántense! ¡Vámonos! ¡Ahí viene el que me traiciona!» (Mateo 26:46).

La mayoría de los cristianos creen que el contundente clamor de Jesús en ese lugar fue «Hágase tu voluntad». Por cierto, no podemos usar esa oración como justificación de nuestras propias oraciones apáticas y pasivas. Cuando Jesús concluyó de orar dijo: «Pero no sea lo que yo quiero, sino lo que quieres tú» (Mateo 26:39). En concreto él decía: «Te obedezco a ti, Padre, aun si mi voluntad es diferente a la tuya». Era una afirmación de compromiso absoluto a los propósitos y voluntad del Padre.

Nosotros también debemos asumirlo. Podemos estar en desacuerdo al percibir que la mente de Dios esta en ciertas cuestiones y él nos puede invitar a cambiar de parecer acerca de las mismas, pero tenemos que estar dispuestos a obedecerle aunque él no cambie de parecer.

Número 4: Hacer de la salvación de otros una preocupación de oración primordial.

Esta es una forma segura de aplicar la voluntad expresa de Dios en nuestra vida de oración. En el capítulo tercero de los Efesios, Pablo primero describe la voluntad de Dios sobre su vida, que es:

> *...predicar a las naciones las incalculables riquezas de Cristo y de hacer entender a todos la realización del plan de Dios, [en el sentido que a través del evangelio ellos son sus herederos junto con Israel, miembros de un solo cuerpo y poseedores de la promesa en Cristo Jesús], el misterio que desde los tiempos eternos se mantuvo oculto en Dios, creador de todas las cosas.*
>
> EFESIOS 3:8-9 (ÉNFASIS DEL AUTOR)

Luego, Pablo hace una de las más profundas declaraciones en las Escrituras acerca del propósito y voluntad de Dios para su creación:

> *El fin de todo esto es que la sabiduría de Dios, en toda su inmensidad, se dé a conocer ahora, por medio de la iglesia, a los poderes y autoridades en las regiones celestiales, conforme a su eterno propósito realizado en Cristo Jesús nuestro Señor. En él, mediante la fe, disfrutamos de libertad y confianza para acercarnos a Dios.*
>
> EFESIOS 3:10-12

Comprenda que la voluntad e intención expresa de Dios es que nosotros, el cuerpo de Cristo, deberíamos demostrar a los «soberanos y autoridades en los reinos celestiales» la profundidad y amplitud de su sabiduría con nuestras oraciones. Ese es nuestro rol, individualmente y como Iglesia, y que cada ángel, cada demonio, cada principado o poder en el reino de Dios observe nuestra actuación. (Si usted se siente como nadie en este mundo, ¡puede detenerse ahora mismo!) Es hora de darnos cuenta, quiénes somos como personas redimidas por Cristo Jesús. El «propósito eterno» de Dios se cumple en nosotros a través de su hijo.

¿Y cuál es ese propósito eterno? Esto es lo que dijo Jesús:

> ***«Porque he bajado del cielo no para hacer mi voluntad sino la del que me envió. Y esta es la voluntad del que me envió: que yo no pierda nada de lo que él me ha dado, sino que lo resucite en el día final. Porque la voluntad de mi Padre es que todo el que reconozca al Hijo y crea en él, tenga vida eterna, y yo lo resucitaré en el día final».***
>
> JUAN 6:38-40

Por ningún motivo debemos abandonar el clamor por la salvación de otros. Pablo aplicó esto a la vida de oración de todos los creyentes cuando le indicó a Timoteo:

> *Así que recomiendo, ante todo, que se hagan plegarias, oraciones, súplicas y acciones de gracias por todos ... Esto es bueno y agradable a Dios nuestro Salvador, pues él quiere que todos sean salvos y lleguen a conocer la verdad. Porque hay un solo Dios y un solo mediador entre Dios y los hombres, Jesucristo hombre, quien dio su vida como rescate por todos ... Quiero, pues, que en todas partes los hombres levanten las manos al cielo con pureza de corazón.*
>
> 1 Timoteo 2:1,3-6,8

Aquí detectamos que solo hay algo que podemos pedir y que será el centro de la voluntad de Dios: siempre que oremos por la salvación de una persona, pediremos acorde a su voluntad. Podemos decir, en cambio, que no es propósito de Dios que alguien se pierda. Las personas pueden libremente no aceptar a Jesucristo, pero no es la voluntad de Dios que esto suceda.

Esto debería darnos inmensa libertad y confianza en nuestras oraciones. Usted puede orar, «Dios, sé que es tu voluntad que mis hijos (o padres o amigo) sean salvados, entonces te pido y pediré siempre hasta que lo hagas». Nunca tiene que decir: «Dios, salva a mis hijos *si es tu voluntad*».

No puedo olvidar la experiencia que tuve en la cruzada de evangelización mundial llevada a cabo en Londres. Aquella noche prediqué sobre la fe radical, y dije que creía ser un «extremista» en lo que al amor se refiere. Si voy a ser rechazado en el cielo, les dije, preferiría ser rechazado por amar muy poco a lo largo de toda mi vida en la tierra. Siempre estimé que nosotros tenemos tendencia a ser demasiado cuidadosos en el sentido de amar con todo el corazón. Quizás tememos ser lastimados si dejamos entrar a otras personas en nuestros corazones.

Inclusive pude decir que si C.T. Studd, el gran pionero misionero y fundador de esa misión particular, aplicase para una membresía en la actualidad, quizás sería rechazado por ser «demasiado fanático». Después de todo, ¿qué clase de misionero escribiría un cuadernillo con el título provocativo N.I.B.? ¡C.T. Studd lo hizo! Inclusive afirmó que Jesús se había convertido en un N.I.B. cuando estuvo en la cruz para borrar nuestros pecados y también en una maldición porque a él «no le importaba un bledo».

De todas maneras, al final de ese servicio una pareja de jóvenes amigos escoceses, se detuvieron a hablar por unos minutos y el esposo, Alistair, me dijo con una gran sonrisa, «Andrés, esperamos tener un bebé pronto, D.V.».

«D.V.» como Alistair usó esa expresión, quiso decir Deo Volento, una frase latina que se traduce como «voluntad de Dios». Es una expresión que se convirtió en algo muy popular entre los cristianos en los últimos años. Pero cuando Alistair dijo eso, yo respondí de inmediato, «Alistair, ¡Dios quiere que tengas a ese bebé! No te desvíes de su plan. Nunca digas "D.V."— ¡Después de todo conoces su voluntad!» Y a su debido tiempo, Alistair y su esposa tuvieron un bebé hermoso.

Al conocer este principio, nosotros también podemos interceder por todo el mundo. Puedo manifestar «Padre, sé que es tu voluntad que todos los hombres se salven; por eso te pido que salves al hombre que conocí la semana pasada en Beirut, a los líderes de mi país, a los terroristas que hacen cosas terribles con un afán equivocado por la falsa religión de ellos». Puedo orar por cada persona que conozco, por aquellos que nunca conocí, por los mendigos en las calles de Bogotá, por los que aparecen en los titulares del diario, por líderes mundiales y autoridades de mi nación. Como dijo el poeta James Montgomery, ¡puedo «mover los brazos que mueven al mundo, y traer la perfección!»

Y lo puedo hacer más extensivo al clamar: «Padre, muéstrame lo que puedo hacer para llevar ante tí a estas personas». Entonces debo hacer lo que él me muestra. Por ejemplo, usar mis recursos para acercarme a las personas que necesitan a Cristo desesperadamente o enviar a otros si yo no puedo hacerlo. También llevar Biblias a aquellos hambrientos de la palabra de Dios o llegar a la iglesia que sufre y satisfacer el amor y aliento de Jesús dondequiera que se necesite, en mi propio país o en Europa del Este, América del Norte, el Lejano Este, Rusia, el Medio Este, América Central, Sudamérica, y África.

No existen puertas cerradas para mí. Puedo ir a cualquier lugar porque la voluntad de Dios es que todos sean salvos, y tengo la responsabilidad de hacer todo lo que esté a mi alcance para obrar y orar para que su voluntad sea cumplida. Puedo ir con la seguridad que Dios me acompaña porque es la voluntad expresa de Jesús:

«Se me ha dado toda autoridad en el cielo y en la tierra. Por tanto, vayan y hagan discípulos de todas las naciones ... enseñándoles a obedecer todo lo que les he mandado a ustedes. Y les aseguro que estaré con ustedes siempre, hasta el fin del mundo».

MATEO 28:18-20

La promesa de Jesús es que él estará conmigo *en la medida en que yo contribuya a cumplir la voluntad de Dios.* No puedo apropiarme de la promesa «Estaré siempre contigo», e ignorarlo. No es así como funciona. Debo tomar todo el consejo de Dios, no solo las cosas que me hacen sentir bien y cómodo. Es necesario reunir las condiciones de Dios y luego él cumplirá sus promesas.

Es así como deberíamos vivir. En aquellas cuestiones donde entendemos que es la voluntad de Dios, debemos orar para que eso se cumpla. Las Escrituras son la base de toda guía y podemos actuar de acuerdo a ellas sin dudarlo. Dios produce en nosotros «tanto el querer como el hacer para que se cumpla su buena voluntad» (Filipenses 2:13). A lo largo de nuestra vida podemos preguntarnos: «¿Estoy haciendo la voluntad de Dios como él lo reveló en las Escrituras?» La respuesta nos dirá si estamos en el camino correcto o no.

Número 5: Tenga al Espíritu Santo para que le sirva como guía en cuestiones difíciles de discernir. Él habla en un «tono calmado y bajo» en nuestro interior cuando vamos en su dirección. El espíritu de Dios está disponible 24 horas al día para «guiarnos a toda la verdad» (Juan 16:13) cuando lo buscamos. Más adelante hablaremos más sobre esta clase de consejos.

Número 6: Obedezca los Diez Mandamientos.

Esto puede ser obvio, pero se sorprendería de la cantidad de veces que oí acerca de confusión expresa concerniente a ellos.

Dios no nos dio muchas declaraciones específicas de su voluntad que podamos aplicar a casi toda situación en nuestra vida, pero los Diez Mandamientos que entregó a Moisés en el Monte Sinaí dejan poco lugar para preguntas acerca de su voluntad en áreas vitales: No mate, no robe, no mienta, no cometa adulterio, no codicie lo que pertenece a otros, no use su nombre profanamente o frívolamente, respete el Sabbath sagrado, trate a sus padres con honor, y por sobre todas las cosas, no adore algo o alguien que no sea Dios. Hasta los niños pequeños pueden comprender tales expresiones sencillas de la voluntad de Dios.

En nuestra vida de oración, estos mandamientos pueden servir como una lista para liberar la confusión que podemos tener si algo por lo que oramos es con seguridad la voluntad de Dios o no. Si usted pide por algo que viola uno de sus mandamientos, es seguro asumir que su oración no va a ser respondida. No puedo pedir, por ejemplo, que Dios me proteja cuando miento. Cuando llevo Biblias y cruzo fronteras para llegar a naciones donde las mismas se consideran ilegales, oro de antemano para que los oficiales de frontera no me pregunten si llevo Biblias escondidas en mi vehículo. Si lo hacen, les debo decir la verdad. No puedo mentirles y luego decir, «¡por favor Dios sácame de este problema haciéndoles creer mi mentira!» Es por eso que clamo antes de arribar a la frontera: «por favor Dios, que los guardias no me pregunten por las Biblias». ¡Y hasta ahora, nunca me lo preguntaron! Dios honra nuestras plegarias cuando nosotros honramos su voluntad al cumplirla, inclusive cuando pudiese ser peligroso.

Número 7: Deje que el amor sea su lema para que Dios cambie de parecer.

Esto es revelado en las palabras de Jesús cuando dijo, por ejemplo:

> ***«Y este es mi mandamiento: que se amen los unos a los otros, como yo los he amado. Nadie tiene amor más grande que el dar la vida por sus amigos. Ustedes son mis amigos si hacen lo que yo les mando ... No me escogieron ustedes a mí, sino que yo los escogí a ustedes y los comisioné para que vayan y den fruto, un fruto que perdure. Así el Padre les dará todo lo que le pidan en mi nombre».***
>
> JUAN 15:12-14,16

En el mismo capítulo Jesús dijo antes: «Mi Padre es glorificado cuando ustedes dan mucho fruto y muestran así que son mis discípulos» (Juan 15:8).

Estos pasajes evidencian aspectos importantes acerca de la voluntad de Dios y se relaciona con la clase de vida de oración que tratamos de desarrollar. Primero, vemos que la voluntad de Dios es para nosotros amar a los otros «por sobre todas las cosas y más allá del deber», inclusive hasta el punto de dar nuestras vidas por ellos. Visualizamos también que podemos probar que somos sus amigos obedeciéndole y dándole frutos para gloria del Padre.

Así es como demostramos nuestro amor por Jesús al amar como él lo hace, a través del poder de su presencia permanente en nosotros. Esta unidad con él hará que nuestra vida sea fructífera. El Padre será honrado, y nuestras plegarias estarán acordes a sus propósitos de manera tan perfecta que lo que nosotros le pidamos al Padre, nos será concedido. (Juan 15:16)

En este pasaje, Jesús hablaba no solo acerca de la voluntad del Padre para con nosotros y nuestro mundo, sino también su voluntad para el hijo. Jesús nunca nos mandó a hacer algo por nuestra cuenta. «Sin mí», dijo, «no pueden hacer nada». Él fue enviado para que todos los hombres puedan reconciliarse con el Padre, y al convertirnos en una parte de su familia, nuestro amor por Jesús debe impulsarnos a ayudar a completar su obra. Nosotros somos su cuerpo, y todo lo que él es, es nuestro hasta el punto de permitirle que habite en nosotros. Es por eso que Pablo dijo: «Nosotros, por nuestra parte, tenemos la mente de Cristo» (1 Corintios 2:16). Nuestra mente carnal no puede comprender nada acerca de Dios, pero la mente de Cristo en nosotros, como fue revelada por el Espíritu Santo, nos guía hacia la verdad.

Entonces cuando oramos con la mente de Cristo, podemos pedirle a Dios cualquier cosa, y será nuestra. Observe que cuando estamos en esa posición, peticionamos solo por aquellas cosas que son la voluntad perfecta de Dios. Y si algunas veces nuestra mente carnal se niega permitirle a la mente de Cristo que rija nuestra vida, el Espíritu Santo nos recordará de inmediato e indicará la voluntad del Padre. A medida que nos pongamos más susceptibles a su liderazgo, nuestras acciones reflejarán su voluntad de manera más perfecta.

Y si nos sentimos presionados a pedir que él cambie de parecer sobre un asunto, él nos escucha.

Hablamos mucho acerca de conocer a Dios y las razones por las que él es tan importante en nuestra vida. Solo cuando lo conocemos comenzamos a comprender los propósitos eternos e inalterables que rigen su voluntad para con nosotros. Y es dentro de este marco que podemos vivir con valentía como Dios lo quiere.

Tenemos la facultad de actuar con la madurez y confianza que provienen de entender lo que a Dios le complace y lo que no. Asimismo, poseemos la seguridad de saber que en cada momento de nuestra vida, estamos en el centro de su voluntad y que nuestras acciones cumplen sus propósitos. Esta seguridad disipa los miedos y dudas inmovilizantes y las excusas que evitan que muchos de nosotros detectemos nuestro potencial como cristianos.

Capítulo cuatro

Acérquese con valentía ante el Trono

Cuando hablo sobre el tema acerca de que Dios cambia de parecer, hay personas que me dicen «¿cómo puedo saber lo que Dios decidió hacer en primer lugar? Después de todo, él no me habla desde un arbusto en llamas de la manera que lo hizo con Moisés. E inclusive si lo hiciera, ¿cómo sabría cuando sus planes están sujetos a cambio? En realidad no veo cómo yo puedo hacer ese tipo de juicio».

En ciertas ocasiones las preguntas más elementales pueden ser las que nos hagan reflexionar. Es más, ¿cómo puede usted saber que Dios cambió de parecer? Yo soy el primero en admitir que no hay manera de detectar con certeza cuándo él tomó la decisión en una situación específica al menos que lo mencione con una revelación directa, como la que recibió Jonás cuando Dios le anunció sus planes para destruir Nínive en cuarenta días (Jonás 3:1-4). Parecería un atrevimiento hablar también acerca de influenciar esos planes, y a medida que aprendemos, ocúpese de hacerlo.

¿Tal vez puedo esperar que Dios se me revele de la misma manera que lo hizo a los profetas del Antiguo Testamento? Hoy pueden existir circunstancias en las cuales esto sucede. Es más, escuché algunas historias destacadas de países en el medio y lejano este, donde se relata que Jesús entró a los hogares y habló con las personas que allí se encontraban. En algunas de estas apariciones, los testigos describieron curaciones milagrosas y hasta la resurrección de muertos.

Sin embargo, la mayoría de las veces, hasta los cristianos que conocen a Dios íntimamente no lo escuchan de manera tan directa. Creo que esto sucede porque en ciertas situaciones no precisamos esa clase de experiencia. Por ejemplo, cuando debo ir desde Holanda hasta Estados Unidos no necesito caminar para cruzar el Atlántico; puedo tomar un avión. El Señor no me ofrece milagrosamente caminar sobre las aguas como lo hizo Pedro. Y tampoco le pedería a él por ello.

Pareciera que las personas ansían experiencias sobrenaturales dramáticas, no porque las necesiten sino porque buscan algo donde fundamentar su fe. Sin embargo, cuando obtienen sus milagros, en rara ocasión cambian. ¿Por qué? Porque las experiencias dramáticas e inusuales no constituyen una relación. Un milagro, o quizás más, no sostiene a nadie por fe. Los israelitas en los tiempos de Moisés y Abraham fueron testigos de milagro tras milagro, pero de todos modos ellos se convirtieron en idólatras.

En los inicios de la década del cincuenta en San Paneras, mi pueblo natal, cuando nuestro pequeño grupo de creyentes corrieron el rumor diciéndole a todos que podíamos encontrar a Jesús, nos enfrentamos con muchas personas que nos dijeron: «Bien, si Dios cura a esa niña pobre y enferma del grupo, entonces creeremos». Todos conocían a esta niña. Se encontraba muy enferma y padecía tuberculosis. Entonces oramos por ella y al instante fue curada de manera sobrenatural. Un poderoso milagro, como algo sacado del Nuevo Testamento. ¡Pero nadie lo creyó!

Rara vez eso funciona. Existen incontables cristianos que ellos mismos han sido curados o testigos de milagros espectaculares, pero luego cayeron en el descreimiento. Observamos y pensamos, «¿cómo puede ser esto? Si yo experimenté un milagro, nunca podría dudar del Señor».

Las experiencias pasan. Basta con preguntarle a una esposa que hace cincuenta años está casada si todavía permanece en la relación por lo encantador y atento que su esposo estuvo el día de su boda. Si su relación no creció desde entonces, y si su primera experiencia fuerte de mucho romance no maduró a lo largo de los años de compromiso, comunicación atenta, afecto y respeto mutuo, aun los recuerdos más extasiados de su novio perfecto y una luna de miel gloriosa, no podrían mantener intacto el matrimonio.

Concretamente, no podemos sobrevivir con las experiencias, sin importar lo emocionante que puedan parecer en el momento. Son como la cena de la semana pasada: encantadora en el momento, pero pasa rápido. Si para darme energía hoy, yo dependiese del delicioso guiso de pollo del pasado miércoles estaría en problemas.

Lo mismo ocurre con Dios. No son las deslumbrantes experiencias de llegar a la cima de la montaña las que nos revelan a Dios; es su continua presencia diaria en los sucesos comunes y extraordinarios de nuestra vida.

Uno de los títulos más intrigantes de los tantos libros de Oswald Chambers es «Can You Come Down?» Su punto de vista es que nosotros no podemos permanecer para siempre sobre la cima de la montaña de la manera que Pedro esperó hacer después de la transfiguración de Jesús y la aparición de Moisés y Elías (Mateo 17:1-4). Sin dudas, debemos bajar al valle donde el conflicto de la vida real nos rodea. Es allí el sitio en que la presencia de Jesús es más real que sobre la montaña, y donde no seríamos capaces de hacer o decir algo sensato.

Cuando caminamos con él, aprendemos a conocer y confiar en su amor. Con el tiempo, construye en nosotros de manera lenta y constante la fe y la sabiduría que necesitamos para orar con el entendimiento, poder y autoridad que Jesús habló.

Es increíble darse cuenta que por lo que Jesús realizó en la cruz, nos podemos relacionar con Dios a un nivel que los profetas quienes fueron testigos de sus grandes milagros no se podrían imaginar ni en sus sueños más salvajes, ya que es imposible enfatizar el significado cósmico de la cruz.

Como resultado del sacrificio que Jesús hizo por nosotros, fuimos restablecidos a la posición que Adán y Eva disfrutaron antes que pecaran.

La declaración del diablo: «Llegarán a ser como Dios, conocedores del bien y del mal». (Génesis 3:5) fue engañosa. Él no le dijo a Adán y a Eva que ellos no tendrían el poder de hacer el bien ni tampoco el poder de hacer el mal. Sin embargo nosotros, a través del Espíritu Santo tenemos el poder de hacer el bien, es decir seguir los mandamientos de Dios, y tenemos el poder de no hacer el mal.

Podemos caminar y hablar con el Padre las 24 horas del día. Nada se interpone en nuestro camino. Los altares sangrientos de sacrificio fueron demolidos. Se cumplió la ley de una buena vez y la «cortina de hierro» que separó a la humanidad de los lugares más sagrados donde Dios se encontró solo con unos pocos elegidos se derrumbó para siempre.

Cuando Jesús estiró sus brazos y murió, esos brazos eran los de Dios dándonos la bienvenida a una camaradería con él sin obstáculos. Me agrada creer que fue ese el momento en que el ángel de Dios vino a la tierra con la invitación contundente que aun resuena a través del tiempo.

> ***El Espíritu y la novia dicen: «¡Ven!»; y el que escuche diga «¡Ven!» El que tenga sed, venga; y el que quiera, tome gratuitamente del agua de la vida.***
>
> APOCALIPSIS 22:17

Gracias a Jesús no tenemos que adivinar cómo es Dios o preguntarnos qué quiere él de nosotros. Conocemos al Padre porque vimos y conocimos a su hijo. Ya no tenemos que especular más sobre los propósitos o la voluntad de Dios porque Jesús nos dijo cuáles son. También nos dio su palabra que es el espejo perfecto de su carácter y el proyecto original de sus planes para nuestro mundo. No nos dejó solos para aplicar e interpretar esta vasta cantidad de información; él envió su

Espíritu para que viva en nosotros, guiándonos a la verdad. Como si esto no fuese suficiente, hizo de cada creyente un miembro del cuerpo de Cristo, la iglesia, y nuestra membresía en ese cuerpo se suma a nuestro entendimiento de los propósitos de Dios con el hombre. Como vimos, es «junto con todos los santos» que lo glorificamos y llevamos a cabo sus propósitos y voluntad en el mundo.

Dios nos dio todo lo que necesitamos para comprender sus planes y participar en la ejecución de su voluntad por medio de nuestras oraciones. La intimidad con el Padre a través de Cristo, el conocimiento de las Escrituras, la presencia constante que guía, la luz del Espíritu Santo y la intervención de sus dones por medio de la Iglesia forman una base indestructible para nuestro entendimiento de lo que hoy Dios hace.

Hasta que comprendemos esto, es fácil olvidar que Dios desea establecer una comunicación efectiva mucho más de lo que nosotros intentamos con él. No hay razón por la que deberíamos considerar sus fines como «el descubrimiento del pasado», tal como lo hicieron la mayoría de los creyentes del Antiguo Testamento. Él no se oculta ni juega. Hizo todo lo posible para abrirnos su mente, su corazón y acercarnos a él y participar en todo lo que hace en nuestro mundo ahora y por toda la eternidad.

El único inconveniente (si se le puede llamar así) es que la accesibilidad de Dios hizo de alguna manera que la vida sea más complicada para aquellos que todavía no entienden lo que se involucra en esta clase de relación del Nuevo Testamento. De hecho, algunos cristianos consideran que sería mejor si Dios nos hablara de la forma que lo hizo en tiempos de los profetas. ¿Pueden ellos imaginar cómo sería hoy nuestra vida si él lo hiciera? Sin dudas, estaríamos todavía viviendo bajo el sistema elaborado de leyes y ordenanzas del Antiguo Testamento, luchando por obedecer las órdenes transmitidas por los mensajeros de Dios sin conocerlo personalmente.

No es que Dios lo quiso siempre de esa manera. Su plan fue elaborado para que todos nosotros lo conozcamos como lo hicieron originariamente Adán y Eva. El Nuevo Testamento con la humanidad a través de Jesús, no solo recupera la posibilidad de esa especial intimidad sino que la necesita. Sin este tipo de relación, nos encontramos en una posición peor que la de los israelitas en los tiempos de Moisés, porque ya no podemos depender de los profetas para que actúen como nuestros intermediarios. Tampoco podemos culparlos si nos llevan por el mal camino. Dios nos hace responsables porque él mismo nos hizo personas accesibles a todos a través de Jesús.

Es verdad que la vida sería más simple si Dios se relacionara con nosotros como lo hizo en los tiempos de Abraham y Moisés. Él siempre tuvo en mente grandes cosas para nosotros. Jesús nos dijo que Dios nos elevó a una nueva posición en su reino. Ya no somos llamados siervos, porque ellos no saben lo que su amo hace. Somos llamados amigos porque Jesús compartió con nosotros todo su conocimiento acerca del Padre (Juan 15:15). Dios nos invitó a participar en el planeamiento y ejecución de su voluntad sobre la tierra llevándonos tan cerca de él que no solo entendemos lo que hace sino que nos involucramos en sus procesos de toma de decisiones. En otras palabras, formamos parte de su plan. Cuando esto acontece, de inmediato sabemos cuándo y de qué manera Dios está abierto al cambio.

En concreto, se nos dio un derecho absoluto a esta clase de orientación. Si esto no fuese así, entonces tendríamos que llegar a la conclusión que el adviento de Cristo y su Iglesia, la redacción de las Escrituras y la llegada del Espíritu Santo al mundo constituyó un gigante paso atrás para la humanidad. Si no comprendemos los propósitos de Dios más de lo que lo hicieron los creyentes del Antiguo Testamento, significa que perdimos el barco por completo.

Quizás usted nunca tenga el valor de llamar al Presidente de los Estados Unidos o al de la Unión Soviética (si pudiera comunicarse con él) para preguntarle sobre alguna acción específica que realizó. «¿Por qué hizo eso?» «¿Puede escuchar algunas de mis ideas sobre el particular?» Ahora, usted no dudaría en hacerle las mismas preguntas a una esposa o a un padre. La intimidad hace la diferencia.

Sin embargo, cuando comenzamos a desarrollarla con Dios, algunos de nosotros tenemos problemas para entender cómo llegar al punto en el cual podamos decir: «Sé que Dios decidió hacer esto, y le voy a pedir que cambie de parecer». ¿Cómo entendemos lo que Dios va a hacer luego, digamos en Europa del este o en Sudáfrica o China o, de hecho, en nuestra propia familia? ¿Y cómo sabemos cuándo es apropiado pedirle a él que cambie sus planes? Quizás sería más explicativo si yo hablo de mi propia experiencia. No porque ella sea universal, sino que puede ilustrar la manera efectiva en que el Señor se revela más a menudo en la actualidad.

En reiteradas ocasiones en mi vida, Dios eligió comunicarse conmigo de manera muy directa, no lo que yo llamaría milagrosamente, pero sí a través de su Espíritu. Sucedió una vez en Moscú cuando contrabandeaba un carro lleno de varios cientos de Biblias. Mi compañero y yo estacionamos nuestra camioneta en un sitio estratégico, y comenzamos a descargar las Biblias que se hallaban en lugares escondidos y así poder llevarlas a la iglesia. Era una situación muy peligrosa, pero no poco común para mí.

Levanté mi vista hasta un punto y vi un hombre que se detuvo a observar lo que hacíamos. Esto no era lo notable porque las personas con frecuencia nos observaban mientras descargábamos nuestro vehículo. Les prestábamos poca atención porque ellos eran solo curiosos. En ese momento mi corazón sabía que este hombre era diferente. ¿Por qué? Puedo explicarlo solo diciendo que el Espíritu de Dios perturbaba algo dentro de mi propio espíritu. Era una cosa sutil.

Mi reacción a esa advertencia interna no era diferente a lo que hubiese sido si un viejo amigo me hubiese susurrado en mi oído, «Andrés, ¡ten cuidado!» Reconocí la «voz» sutil del Espíritu Santo como resultado de muchos años de amistad con él. Esta capacidad de «oír» al Espíritu crece paulatinamente con el tiempo. Escuchar es una de las partes más importantes de nuestra relación con Dios.

Respondí casi instintivamente a la advertencia. Primero, oré en silencio a medida que bajábamos las Biblias. Casi al mismo tiempo que comencé a orar, el hombre se dio vuelta y se alejó muy rápido.

En otras circunstancias, hubiese suspirado de alivio al verlo partir. Sin embargo esta vez, le dije a mi colega: «Ese hombre va en camino a denunciarnos en la oficina de la

KGB». No había dudas de la perentoriedad que sentía en mi espíritu, y en mi mente de lo que iba a suceder. Por ello, dejamos de descargar y oramos juntos pidiéndole a Dios que entretuviera a ese hombre, con lo que fuese necesario, para darnos tiempo para descargar y entregar nuestra valiosa carga. Oramos en contra de los poderes malignos que amenazaban con mantener a la gente alejada de la palabra de Dios y eran quienes la esperaron por años para recibirla. Cuando finalizamos nuestro clamor, volvimos a nuestra tarea con la total certeza que Dios había hecho lo solicitado. Como era de esperar, las Biblias se entregaron sin ningún inconveniente

Hasta el día de hoy, no sé con exactitud lo que Dios hizo para mantenernos a salvo en esa situación, pero estoy seguro que si no me revelaba el peligro en el que estábamos inmersos y no hubiésemos orado, nuestro fin hubiese sido ser cuestionados por la KGB y llevados a prisión.

Algunos cristianos sin duda cuestionarían que la prisión fuese el lugar que Dios quería para nosotros, y en otras ocasiones yo hubiese estado de acuerdo con esa posibilidad. En algunas circunstancias Dios necesita un testigo en la prisión, y permite que los cristianos sean encarcelados.

Ese día no me quiso a mí ni a mi amigo en prisión. Él ansiaba que entregásemos nuestras Biblias y eso hicimos. ¿Cómo lo sé? Porque me advirtió del peligro. Esa fue la manera de Dios de ofrecernos una oportunidad de participar en la ejecución de su voluntad al nosotros pedirle que cambiara el resultado de la situación.

Por supuesto que podíamos ignorar la advertencia de Dios. Y si como resultado terminábamos en prisión, también podríamos haber realizado su voluntad eterna al asistir a nuestros compañeros de prisión o a nuestros captores. Pero no podríamos haber entregado las Biblias, que a mi entender era la voluntad de Dios en esa situación determinada. Él nos advirtió, esperó que prestáramos atención a esa advertencia y lleváramos a cabo sus planes. Efectivamente, la voluntad de Dios no se frustró porque nosotros estuvimos atentos. Estoy persuadido que en este caso particular, pudimos hacer lo que Dios más quería: entregar nuestras Biblias, porque comprendimos lo que él nos decía y actuamos en oración según esa información. Este tipo de revelación nos brinda oportunidades extraordinarias para obrar de la mano con Dios.

Esta no es la única forma en que Dios se me revela. Ni siquiera es la manera que lo hace usualmente. El noventa y cinco por ciento de las veces Dios me revela lo que necesito saber a través de medios menos directos. En general lo hace a través de una combinación de entendimiento espiritual ganado a lo largo de tantos años de amistad con él y lo que yo llamo «evidencia circunstancial». Permítame darle un ejemplo de cómo funciona esto.

Un día en Beirut cuando un hombre de negocios y yo caminábamos entre los escombros de los bombardeos donde cientos de hombres, mujeres y niños murieron, me dijo: «Andrés, ¡Dios está harto de nosotros! Él no está más en este lugar. Se fue y se olvidó de nosotros. Todo lo que tienes que hacer es mirar alrededor y ver».

Otra persona le podría haber dicho a ese hombre, «Dios no se fue; ¡Él está todavía aquí!» No me atreví de decir eso. Miré alrededor y pensé, debo admitirlo, nunca observé un lugar en que se vislumbrara tal olvido de Dios. Estábamos parados en el lugar preciso donde antes había una ciudad hermosa y próspera. Ahora era una zona de guerra devastada. Se oían disparos en las calles a nuestro alrededor. Los cuerpos mutilados eran llevados. Y al ver todo esto, comprendí que en la percepción de este hombre, y quizás en la de la mayoría de los habitantes de Beirut, Dios había decidido retirarse de esta ciudad. Y con lo que aprendí en todos estos años que visité el Líbano, puedo visualizar cómo ellos arriban a esa conclusión.

Por esa razón no cuestioné las afirmaciones de mi amigo. En cambio dije: «Sí, es cierto se ve de esa forma. Tal vez Dios quiso abandonar Beirut. Si muchas personas como tú se arrepintieran e invitaran a Dios a que regresara, ¡estoy seguro que él cambiaría de parecer!»

¿Cómo pude afirmar eso? ¿Se apareció Dios en mi habitación aquella mañana y me anunció, «Andrés, voy a abandonar Beirut si ellos no regresan a mí?» Por supuesto que no. La evidencia circunstancial combinada con el entendimiento de esa parte del mundo y la palabra, carácter y propósitos de Dios me convencieron que Beirut iba a ser tal vez muy pronto reducida a un montón de ruinas, al menos que un arrepentimiento serio ocurriese. También sabía que la voluntad del Señor era que los habitantes de Beirut se salvaran. Entonces pude arribar a una conclusión en el sentido de que Dios cambia de parecer, «su mente puede ser cambiada».

Alguien puede decir, «pero Andrés, no fuiste un poco atrevido al hablar de esa manera? ¿No hubiese sido más seguro y preciso decir: "¿No podemos estar cien por ciento seguros de lo que Dios decidió en Beirut?"».

Yo no acepto eso. Si tuviésemos que esperar hasta estar seguros de todo, estaríamos paralizados. Nunca sacaríamos conclusiones y no sabríamos cuándo o cómo orar. De hecho, no seríamos capaces de decidir ¡cuándo o cómo preparar el desayuno!

Y en realidad, si Dios me hablase de la manera que lo hizo con Abraham antes que él fuese a destruir Sodoma y Gomorra (Génesis 18), estaría en la misma posición en la que estuvo Abraham, la cual fue muy humana y un poco incierta con respecto a eso.

¿Estaba Abraham cien por ciento seguro que Dios perdonaría a esas ciudades desdichadas si él pudiese encontrar cincuenta personas justas que vivieran allí (o hasta diez inclusive)? No. Pero él se arriesgó, basándose en su propia percepción humana limitada de lo que Dios le dijo y él oró. Podría resultar atrevido para algunas personas pero Abraham no estaba tan preocupado por la seguridad de su propia posición como lo estaba por las personas que Dios estaba a punto de destruir.

Y Dios lo honró por esa actitud. Él no dijo: «Abraham, de dónde sacaste esa idea que yo cambiaría de parecer por el bien de diez personas justas? Nunca te dije eso. ¡Qué vergüenza!».

Dios hizo algo más: dijo sí a cada cosa que Abraham le solicitó, no por el bien de Sodoma y Gomorra sino por el de Abraham. La precisión de la percepción de Abraham no fue la cuestión ni la presunción. Fue su amistad con Dios. Y en este caso, estoy convencido que Abraham no fue lo suficientemente lejos al «suponer» sobre esa amistad. ¿Por qué? Porque el resultado final para Sodoma y Gomorra fue el mismo tal como si Abraham no hubiese orado.

Finalmente las ciudades se hubiesen autodestruido porque estaban dañadas en su interior. Abraham, con su entendimiento humano limitado, no podía suponer que Dios podría cambiar sus propios planes de destrucción, por el bien de poco menos diez personas justas, y diez no podían ser encontradas. Como muchos de nosotros, Abraham dejó de orar demasiado pronto.

Existe una lección importante en esto. Me parece que hoy muchos cristianos piensan que están en peligro de ofender a Dios al suponer en demasía. Lo oímos todo el tiempo: «No puedo pedir por una sanidad; eso es atrevido». El peligro en la mayoría de los casos no es que nosotros supongamos demasiado, sino muy poco; ¡la persona podría morir antes que decidamos que está bien orar por él! Cuando Dios toma la iniciativa y nosotros aceptamos la responsabilidad, cuando nuestras oraciones permanecen dentro de los límites de la voluntad expresa de Dios como la entendemos nosotros, no somos atrevidos.

Mientras que existen maneras de ofender a Dios si nos lo proponemos, creo que muchos de nosotros usamos esa posibilidad como excusa para no orar. Es otro caso donde la falsa piedad nos convierte en fatalistas. Deberíamos hacer un esfuerzo para comprender lo que hacemos cuando oramos, pero si yo estuviese enfermo esta mañana, preferiría tener a alguien que ore por mí y no que se abstuviera de hacerlo.

Escogería en todo momento ser hallado culpable por pedir demasiado a Dios que tener que admitir que pedí poco. Y estimo que Dios también lo preferirá.

La verdad es que Dios nunca dijo que nosotros no debíamos tratar de influenciar sus planes hasta que estuviésemos cien por ciento seguros de ellos. ¡Y es positivo! De otra manera, los lugares como Beirut serían borrados de la faz de la tierra antes que nosotros pudiéramos pedir a Dios que concediera a su pueblo una nueva oportunidad de cambiar las cosas volviéndose a él.

Antes de visitar el Líbano en julio de 1990, Dios me habló a través de las Escrituras no solo sobre ese país, sino también sobre la crisis del Medio Este y el regreso de nuestro señor Jesús.

> ***Sus hombres valientes gritan por las calles, los enviados de paz lloran con amargura. Las carreteras están desiertas, no hay viajeros en las rutas. El tratado está roto, sus testigos son menospreciados, nadie es respetado. La tierra sufre y se consume, el Líbano está avergonzado y se marchita ... «Ahora me elevo» dice el Señor.***
>
> ISAÍAS 33:7-9 (PARÁFRASIS DEL AUTOR)

Me siento obligado a darle este mensaje a los dos líderes rivales en Beirut que causaron tanta destrucción a su nación. De inmediato comencé a arreglar mi viaje al Líbano. Como es lógico, me encontré con problemas para obtener una visa. Demora tras demora impidieron mi salida hasta que finalmente apelé al embajador libanés en La Haya, quien personalmente intervino para emitir una visa sin la aprobación formal de su gobierno.

Por la noche navegué desde Chipre hasta Beirut. Tuve un sueño terrible de una gran calamidad que llegaría al Líbano. Las montañas explotaban, el edificio donde estaba parado temblaba, las paredes se rasgaban, pero yo tenía personalmente una paz profunda. Luego una voz me decía: «Aun no ha llegado lo peor para el Líbano» Para mí era claramente la voz de Dios. Me hizo sentir con más apuro de ver a los dos líderes en Beirut.

Cuando llegué se me permitió dialogar con ambos. Me presenté como un siervo de Dios y les di a ambos exactamente el mismo mensaje. Ellos escuchaban con atención mientras les decía: «Dios dice: Será mucho peor en el Líbano, pero si ustedes y su pueblo se arrepienten, entonces no sucederá». Dios cambiará de parecer, porque su país es muy estratégico en relación con Israel, con Jerusalén y con todo el conflicto en el Medio Este. El mundo entero verá cómo este conflicto, que se percibe como un conflicto musulmán-cristiano, se producirá en el Líbano. Todavía no es demasiado tarde.

Desde que entregué mis mensajes a aquellos dos líderes, vimos sucesos dramáticos desplegarse en el medio este.

Irak atacó a Kuwait y amenazó con hacerlo a todos los países que rodean a Israel. Su objetivo es destruir a esta última. Nuestros corazones se llenaron de ansiedad al considerar el futuro inmediato de Israel y las naciones que la circundan.

Por cierto eso subraya la urgencia y el mandato muy práctico en las Escrituras de orar por la paz en Jerusalén.

Si hay paz en Israel, habrá paz en Baghdad, Egipto, Arabia Saudita, en todos los países fronterizos y por último en todo el mundo. Aquellos que vieron la total derrota de enfrentamientos militares en esa parte del mundo saben que no hay otra alternativa que orar de manera más ferviente que nunca por la paz en Jerusalén. Le pido que se una a mí como compañero en esta gran batalla espiritual.

Uno de los errores más grandes que podemos cometer es tener temor de llegar a Dios. Creo que es una mentira satánica que podemos alejarnos de la voluntad de Dios «corriendo delante del Señor» en nuestras plegarias (como escuché describirlo a bienintencionados maestros cristianos). Naturalmente deberíamos buscar guías de manera constante y hacer lo mejor para llegar a la obediencia, pero estimo que es más placentero para Dios cuando nos equivocamos de antemano y cometemos errores que cuando no hacemos nada por temor.

Cuando tenía todavía mi jardín y mis hijos eran pequeños, ellos salían y sacaban algunas malezas por mí. Yo salía al jardín una hora después y encontraba que ellos habían sacado la mayoría de mis flores en su afán por hacer un buen trabajo. Yo nunca los regañaba. No tenían la culpa. Estaban tratando de aprender, y como padre sabía que parte del proceso de aprendizaje era cometer errores. No me enojé con ellos porque hacían cosas equivocadas por ignorancia o ímpetu. Por el contrario, los amaba porque querían complacerme.

Dios es así con nosotros cuando oramos. Él comprende que cometemos errores, e inclusive cuando hacemos cosas equivocadas no nos culpa.

Usted puede argumentar que existen errores honestos que el Señor no los va a ver mal, pero ¿qué ocurre cuando pecamos deliberadamente, cuando nuestros deseos no son para complacer a Dios sino para seguir nuestros caminos pecaminosos, lujuriosos o del mal? ¿Dios nos abandonará?

De ninguna manera, ¿y sabe por qué no? Porque no hay en realidad ninguna diferencia entre errores «honestos» leves y los graves y egoístas. A la vista de la pureza de Dios todos son errores de una u otra forma y necesitan del perdón. La persona cuyo corazón es cariñoso con Dios encontrará su misericordia disponible.

Observe a David. Sabemos que él cometió muchos errores pero ¿cómo lo describe Dios? Lo llamó «Le quité el reino a la familia de David para dártelo a ti. Tú, sin embargo, no has sido como mi siervo David, que cumplió mis mandamientos y me siguió con todo el corazón, haciendo solamente lo que me agrada» (1 Reyes 14:8). David pecó de ambas maneras: inocente y deliberadamente, pero en la base de su personalidad había un deseo de amar y honrar a Dios. Su relación con él era tan íntima que en el momento de pecar tuvo que pedir disculpas. Lo importante es la relación.

Observe al anciano y bondadoso Abraham, que tropezó, mintió, engañó pero cuando Dios escribió la biografía de Abraham en Romanos dijo: «Abraham le creyó a Dios» (Romanos 4:3). Nosotros diríamos, «¡Pero él mintió y engañó!» Dios no lo vio de esa manera. Él dijo: «Abraham le creyó a Dios» y punto. Todo lo demás era secundario. Él era inocente, no perfecto. Existe una gran diferencia.

Cuando nosotros nos paramos frente a Dios en oración somos inocentes, no perfectos y es una posición maravillosa. No debemos tener temor de llegar a Dios pero si nos sentimos de esa manera, él no nos guardará rencor, ya que su gracia es más grande que nuestros errores tontos.

Dios no pretende que esperemos hasta tener todos los hechos antes de orar porque nunca podremos saber todo sobre sus planes. Lo que debemos hacer es buscar conocer a Dios, estudiar la evidencia circunstancial, escuchar los consejos del Espíritu Santo, tomar en cuenta nuestro conocimiento de su carácter, sacar conclusiones razonables y orar como corresponde. Cuando hagamos eso, Dios nos enseñará a cometer menos errores y nuestras oraciones van a ser más efectivas. Quizás lo escuchemos y no lo comprendamos muy bien pero él continuará su obra prometida de perfeccionarnos y acercarnos a él.

Todo esto puede resultar más complejo para nosotros que las revelaciones milagrosas en tiempos del Antiguo Testamento, pero es también más instructivo. Dios nos enseña de maneras prácticas, cómo aplicar el conocimiento que él nos dio, a menudo a través de pruebas y errores.

No es pecado pedirle al Señor por todo aquello que creemos que va a cumplir su voluntad y propósitos, a pesar de la inseguridad de nuestras propias limitaciones. No es nuestra obligación conocer todo el espectro de sus planes para concluir si son sujetos a cambio. Dios siempre está feliz de escuchar nuestros pedidos, inclusive cuando nuestro entendimiento es limitado, como lo fue el de Abraham cuando intercedió por Sodoma y Gomorra.

«Lo que pidan en mi nombre yo lo haré» (Juan 14:14). Considero que esas palabras son la respuesta final a todas nuestras preguntas sobre cuándo y cómo podemos pedirle a Dios que cambie de parecer y no que deberíamos pedirle de manera tonta e imprudente o por ignorancia. Ahora, si lo hacemos, Dios nos perdonará y usará nuestros errores para hacernos más sabios la próxima vez. Las únicas personas que no cometen errores son las que nunca hacen nada por Dios o le solicitan algo. Si nos tuviésemos que preocupar por algo, es en eso precisamente.

Capítulo cinco

ENTONCES ¿CÓMO ORAMOS?

Ahora que tenemos un panorama más claro de lo que es llegar ante el trono de Dios y pedirle que cambie sus planes, es tiempo que miremos de manera más concreta cómo podemos ocuparnos de hacerlo. Ya descubrimos en las historias de Moisés, Elías y otros profetas mencionados en los capítulos previos, algunas claves vitales sobre cómo estos personajes legendarios se comunicaron con Dios y tuvieron éxito en hacerle cambiar de parecer. Aprendimos principios que guiaron su relación con él, los cuales hicieron historia para ser reescritos como resultado de sus oraciones.

Como ya observamos, el principio más importante en este libro es un tema recurrente. Permítame reiterarlo: solamente en la medida que conocemos a Dios y comprendemos sus condiciones de cambio nos serán dadas las oportunidades para influenciar sus planes. En otras palabras, Dios cambia de parecer solo por sus amigos, no por extraños o conocidos casuales. A medida que comenzamos a determinar cómo orar y por qué deberíamos hacerlo es vital recordar esto.

En el momento en que me dispongo hablar acerca de cómo orar para que Dios cambie de parecer, por lo general alguien niega con su cabeza y dice, en el mismo tono de voz que usaría un niño caprichoso: «Hermano Andrés, ahora sé que no es su intención dar la impresión a las personas que los cristianos le pueden decir a Dios qué hacer. Después de todo, estoy seguro que esa no es la manera en que usted ora...».

Es una salida directa para decirme que a menos que adopte un punto de vista fatalista y liberal hacia la oración, soy un blasfemo. Esas personas esperan que les responda con una mirada de horror avergonzado: «¡No, por supuesto que yo no le digo a Dios qué hacer!» Nunca mencionaría eso porque no es verdad. Le digo a él qué hacer ¡prácticamente en cada oportunidad que oro!

Antes que usted se enoje conmigo, déjeme darle un ejemplo de lo que quiero decir. Muchas de las veces que oré junto a Corrie ten Boom, forman parte de mis más preciados recuerdos. Corrie era una intercesora apasionada y su perentoriedad y emoción contagiaban. Usted no podía orar con ella sin que esa experiencia lo cambiara.

«Señor», ella decía, con su pronunciación alemana,

«¡Debes hacer algo! ¡No debes perder tiempo!» Y luego le manifestaba al Señor de manera muy específica y directa qué quería que él hiciera. Ella se expresaba de la misma forma en que me hablaba a mí, su viejo amigo. Algunas veces lloraba o reía, otras discutía sus puntos ferozmente, pero era ella misma, siempre honesta. Nada de Dios la detenía, y parecía que a él nada le detenía de ella.

En reiteradas oportunidades, en medio de nuestras sesiones de oración llenas de vida, ella le citaba a Dios su propia palabra para recordarle sus promesas. Hubiera sido una gran abogada. Cuando se tornaba apasionada, tomaba su Biblia y la hojeaba rápido hasta encontrar el pasaje exacto que podía usar para probar su caso. Luego levantaba en el aire su Biblia, señalaba el versículo y decía triunfante: «Aquí, Señor, ¡léelo tú mismo!»

Siempre me encantó eso. Y estoy seguro que a Dios también. A él le agrada cuando lo conocemos tan bien como para hablarle de esa manera. No conozco oraciones de alguien que hayan tenido más influencia con Dios que las de Corrie. No era disuadida por falsa piedad o legalidad o la necesidad de ser alguien más que ella misma. Después de todo, como a menudo le recordaba a Dios, no le pedía por algo que él todavía no había prometido. Por eso no dudaba en decirle qué hacer y agradecerle cuando Dios lo hacía. «¡Sabía que lo harías!», decía con una sonrisa llena de júbilo. «¡Lo sabía!»

Y lo hacía. Comprendía lo que Dios haría por ella porque lo conocía. Entendía su voluntad y esperaba que él cumpliese con su palabra. Nunca se le cruzó por su mente que él no lo haría. ¡Qué fe más extraordinaria! Si tan solo el Señor tuviese más amigos como Corrie, nuestro pobre y envejecido mundo no sería el que es hoy.

Ahora le formulo una pregunta: ¿Eran las oraciones de Corrie blasfemas o atrevidas? Algunos quizás digan que sí, pero yo no, porque su pedido era preciso hacia las Escrituras. Jesús dijo: «Pídeme lo que sea», y Corrie le tomó la palabra, al fundamentar sus oraciones en su profunda comprensión de la voluntad de Dios. Y él le respondía. ¿Cómo podía él hacerlo de otra manera?

Cuando nos enfrentamos con la pregunta «¿Cómo oramos para que Dios cambie de parecer?», comienzo con un pequeño recordatorio que nosotros no oramos motivados por el deseo que él cambie de parecer o para «decirle qué hacer». Nuestro anhelo es conocerlo mejor como nuestro amigo y padre. Las oportunidades para que él cambie son solo el resultado de esa relación.

Con eso en mente, hablamos sobre cómo podemos orar con más efectividad cuando decidimos que es tiempo de pedirle al Señor con respecto a una situación específica. Quisiera mantener las cosas simples y darles solo dos lecciones que Dios me enseñó a lo largo de los años y que traté de aprender para interceder con mayores resultados. Elegí concentrarme en esas dos lecciones en particular porque ellas solucionan por mí los problemas que parecen ser comunes entre los cristianos en los diferentes lugares que visito.

EL PODER DE LA ORACIÓN PRECISA

La primera de estas lecciones que aprendí en mis primeros años de experiencia cristiana, me enseñaron por qué algunas oraciones son más efectivas que otras.

Nos encontrábamos en el año 1950 en una reunión de oración en nuestro pequeño pueblo de San Pancras en Holanda. Éramos un grupo de intercesores dedicados y llenos de energía, y aquella noche pasamos bastante tiempo dedicados a orar por las misiones y misioneros alrededor del mundo.

Intercedíamos por los millones de personas que viven en cada nación, desde China hasta El Congo, por los gobiernos y gobernantes, para que Dios hiciese grandes cosas. Creíamos, y yo también creo, que debíamos orar por grandes cosas como las almas de los hombres y el destino de las naciones y no por una mejor nevera o un auto más bonito. Teníamos una gran fe, por eso es que esa noche orábamos con valentía por cuestiones de vasta consecuencia.

En nuestro grupo se encontraban algunos familiares de una pequeña niña llamada Reina, cuyos padres cristianos recientemente habían fallecido en un trágico accidente doméstico. Cuando ellos murieron, Reina se fue a vivir con su escéptica abuela. Sus familiares estaban muy preocupados por ella, entonces cuando terminamos de orar por las misiones en el mundo, acordamos hacerlo por la pequeña niña. Ni bien comenzamos a clamar, sucedió algo maravilloso: Todos empezaron a llorar. De repente nos pusimos de rodillas suplicándole al Señor desde lo más profundo de nuestras almas que interviniese en la vida de la pequeña.

Mientras orábamos, fuimos estimulados de una manera que no había sucedido en toda la noche, y nuestra fe se multiplicaba.

Por último cuando finalizamos y todavía nos secábamos las lágrimas, me puse de pie y le dije al grupo: «¡Esperen un minuto! ¿Qué sucedió aquí? Hoy oramos por una pequeña niña y lloramos, pero cuando lo hicimos por un millón de almas perdidas, no derramamos una lágrima. ¿Por qué?» Por un momento solo hubo silencio, luego alguien respondió: «Porque no podemos identificar a millones, pero sí podemos hacerlo con ella».

Nos retiramos de esa reunión con la certeza de que Dios había depositado una llave en nuestras manos. Comprendimos algo que nunca antes pensamos en el sentido que podemos orar por el mundo, las personas que pasan hambre, los oprimidos, los misioneros que se encuentran en el campo y aun más; pero hasta que no podamos identificar y centralizar nuestras oraciones sobre una persona que conocemos, nuestras plegarias tal vez no van a estar llenas de amor.

Luego de esa noche comprendí por qué cuando se dice «Dios, protege a los misioneros» y «Dios, ayuda a las personas de Rusia», no constituyen oraciones poderosas a pesar que podrían ser grandes y llenas de fe. Solo si puedo centrarme en ese misionero en una prisión en China, en aquel que es perseguido en el Líbano, o en el rehén en Colombia, a menos que me identifique con la persona y comprenda su súplica, no puedo en realidad orar como deseo. Ahora, cuando dedico tiempo para saber lo que él enfrenta, cuando experimento su desaliento por trabajar tantos años sin ver una sola alma conquistada para Cristo, cuando reconozco las condiciones bajo las que vive, la tortura que sufre en cautiverio, pobreza, soledad y enfermedad que soporta, la oposición de cada lado, ¡solo entonces clamo! Puedo interceder con mucho amor en nombre de ese siervo de Dios, o cualquier creyente. Desde que tuvimos aquella reunión de oración en San Pancras, también me comprometí a ir, dónde y cuándo pueda para estar junto a aquellos que son el centro de mis oraciones, personas que están incomunicadas y que luchan por sobrevivir en las naciones más restrictas y peligrosas sobre la tierra. Dios me llamó a esa tarea. Es dónde en verdad me necesitan y es dónde le dije a

Dios que estaré, porque no hay nadie que tome mi lugar si no voy. A menudo le digo al Señor: «No sé por qué tengo que ser yo. Soy el menos calificado que pudiste encontrar!». Existen miles de personas que podrían hacer lo que yo hago y mucho mejor. Pero la verdad es que muchos de ellos no lo hacen. Como consecuencia existe un enorme vacío y Dios tiene que conformarse conmigo. Hago todo lo que puedo, soy un hombre solo, y *Open Doors* es solo una organización. Las necesidades no son satisfechas y la iglesia sigue con su sufrimiento.

Dios no tiene sustitutos. Nosotros no somos reemplazables. Se me parte el corazón cuando veo necesidades en países donde nadie toma la palabra de Dios, o ni siquiera una simple frase de aliento. Yo pregunto: «¿Señor, dónde están las personas que llamaste para que estén aquí?». Esa es una de las razones por las que oro, a pesar que no soy predicador, y por eso escribo, aunque no soy un escritor. Lo hago porque quiero sacarlo de su letargo si usted es uno de aquellos que Dios llamó para que fuera y se negó, «No, no puedo ir. Tengo otras prioridades. Necesito administrar mi negocio, tengo mis responsabilidades en casa. Dios puede encontrar a otra persona». Él no puede. Usted es libre de elegir sus prioridades, pero si no lleva a cabo el trabajo que Dios le encomendó hacer, no se realizará porque nadie espera el momento oportuno para hacerlo.

Pasa exactamente lo mismo con nuestras oraciones: si no aprendemos a ser precisos y pedirle a Dios que salve a nuestros hijos, vecinos, jefes y compañeros de trabajo, nuestra nación y el mundo, si no intercedemos por la pobre viuda que está en un pueblo olvidado en algún lugar remoto del planeta; no hay nadie más que lo haga. Jesús no lo va a hacer. Él no ruega por el mundo; él lo hace por el Señor, de manera que haremos lo que él nos ordenó (Juan 17:9). Es nuestro trabajo orar e ir por el mundo (Marcos 16:15).

Cuando usted decida solicitarle a Dios grandes cosas, y espero que lo haga, no se sienta satisfecho con solo orar: «Señor, bendice esas naciones y salva a esas personas». Al clamar sea específico y luego llegue a ellos si puede. Solicite a Dios que lo ayude a hacer contactos personales con unos pocos individuos claves. Conózcalos. Escuche los gritos que provienen de sus corazones. Ofrézcales la Palabra de Dios, aliéntelos y ore con ellos. Haga algo práctico para ayudarlos. Si es factible que usted vaya a visitarlos, estudie sus culturas, historias, estructuras políticas, líderes y aprenda algo acerca de las fuerzas que afectan sus vidas para que pueda clamar con más entendimiento e inteligencia. Le garantizo que eso marcará la diferencia en sus oraciones.

¡Y tenga cuidado cuando comience a orar de esta manera! En el momento que usted diga: «Señor, quédate con los cristianos que sufren en esa ciudad, dale a ellos Biblias, aliento, demuéstrales que les importas», Dios puede muy bien responder: «Ah, eso es lo que siempre trato de decirles en todo momento!»

Hace poco tiempo, oí una historia de una madre norteamericana que aprendió esta lección luego de varios años de desaliento y oración imprecisa por el lejano este. Cierto día sus ruegos y su vida se transformaron en los comienzos de los años setenta cuando una amiga le entregó una revista de noticias que portaba la fotografía de una madre joven vietnamita desconocida, llorando con un pequeño cuerpo mutilado aferrado a su pecho. Su bebé había muerto como consecuencia de las bombas que destruyeron todo su pueblo. La fotografía fue conmovedora para esta mujer norteamericana porque como madre, se podía identificar con la agonía que la joven padecía.

Estaba tan afectada por la fotografía que la arrancó y la pegó en la tapa interior de su Biblia. Desde ese día, en vez de orar vagamente por el «lejano este» como lo hacía, miraba el rostro de esa madre llorosa y pedía por ella y toda su familia como así también por todas las otras madres y niños que sufrían en su pueblo. Días más tarde, concurrió a la biblioteca y regresó a su casa con libros y mapas que le devolvieron imágenes mentales vivas de esa parte de Vietnam. Comenzó a pedirle al Espíritu Santo que guara sus oraciones, y el foco de ellas se tornaba cada vez más claro. Se unió a otras madres para pedir por el fin del conflicto.

Cuando la guerra terminó, encontró un artículo en una revista sobre refugiados vietnamitas que vivían en una comunidad cercana e hizo contacto con una familia a través de una agencia de servicio social. Al cabo de un año, ya ayudaba a los refugiados de su zona a encontrar empleo y vivienda. Muchos de ellos se convirtieron al cristianismo.

Desde entonces esta mujer expandió su «guerra de oración» por Vietnam. En la actualidad se le unieron un círculo de amigos cristianos muy grande y comprometido que extendieron su visión y trabajan para llevar el amor de Jesús a estas asediadas personas. Movidos por este profundo sentimiento, ella y otros miembros de su iglesia adoptaron a un número de huérfanos no deseados y encontraron hogares para muchos otros que son hijos ilegítimos de oficiales norteamericanos. También ayudaron a fundar varias iglesias nuevas en Vietnam y en los Estados Unidos.

No sé el nombre de esta mujer, pero eso no es lo que en realidad importa. Ella podría ser una de nosotros. En el instante que ella se identificó con una joven madre vietnamita y no con todo el lejano este, se convirtió en una valiosa intercesora cuyas oraciones tuvieron un impacto global. Ella clamaba por grandes cosas de una manera precisa y específica, y finalmente cambió las vidas de un número sustancial de personas que alguna vez estuvieron sin esperanzas.

Sus oraciones y obediencia a las indicaciones del Espíritu Santo pueden hacer lo mismo. ¡O quizás más! No hay límites con Dios.

CUANDO DIOS PERMANECE EN SILENCIO

La segunda lección me enseñó varias cosas importantes acerca de las veces que oramos con mucha fe y gran poder, y estamos seguros que lo hacemos acorde a la voluntad de Dios y reunimos sus condiciones, pero él parece no responder. Hicimos todo «bien», pero nos dice que no, o no habla, como le gusta decir a uno de mis amigos.

De una u otra manera todos experimentamos este problema. Clamamos por la curación de un hermano o hermana creyente que se aproxima a la muerte por causa de una enfermedad dolorosa. Nosotros los ungimos, tenemos reuniones de oración con la iglesia, sabemos que Dios va a curar a esta persona, pero él o ella no experimenta mejoría. También puede suceder que oramos por la conversión de un adolescente rebelde, que se consagró al Señor cuando era bebé y criado por cariñosos padres cristianos, y que ahora es un drogadicto que les roba y vive una vida de gran inmoralidad. No hacemos más que orar, pero las cosas parecen ir de mal en peor.

¿Qué hacemos? ¿Cómo manejamos esto? Lo sorprendente es que muchos cristianos no hacen nada. ¡No responden! O peor, relegan toda la experiencia a lo que rotulan «pruebas de fe». Parecen copiar la actitud de Ali Khamenei, el líder de los Musulmanes en Irán, que les decía a las familias de 40.000 personas que habían muerto en el gran terremoto en Junio de 1990 que aceptaran el desastre como una «prueba divina» que ellos debían pasar «a través de la paciencia y la cooperación». ¡Increíble!

La triste verdad es que los cristianos hablan así todo el tiempo. ¿Por qué sucede esto? Por un lado el fatalismo impregnó nuestro pensamiento, y por otro creo que existe otro problema. Simplemente no sabemos cómo responder al silencio de Dios, entonces hacemos lo que parece ser más seguro y fácil. Pasamos por alto el problema, nos decimos que las cosas no son como parecen, que Dios tiene sus razones misteriosas y que «un día vamos a comprender», quiero significar algún día en el cielo, no en esta vida terrenal.

Somos muy parecidos a las personas en la antigua fábula de las ropas nuevas del emperador. Todos sabían que algo estaba mal, porque el emperador se paseaba desnudo, pero nadie quería señalarle esa actitud por temor a ser llevado al calabozo. Entonces todos hablaban de lo hermosas que eran las ropas nuevas del emperador y al simularlo, finalmente comenzaron a creérselo.

No resulta gracioso cuando hacemos esto con Dios. Es mas bien trágico porque al ignorar su silencio o pretender que nada malo ocurre, perdemos la gran oportunidad de estar más cerca de él y saber cosas importantes acerca de su carácter. Por intentar evitar lo obvio, descuidamos el privilegio de descubrir la verdad.

¿O es que en realidad no creemos que Dios nos va a dar respuestas? ¿O tenemos temor de sacarnos las máscaras y ser honestos y auténticos con los demás y con Dios, y temerosos de lo que podríamos descubrir si lo hacemos? Por esa razón, no debemos conformarnos con esa clase de relación «simulada» con Dios, con nuestro prójimo creyente o con el mundo que nos procura por respuestas.

¿Entonces qué *deberíamos* hacer cuando Dios está en silencio? Primero, creo que debo llegar a él y *preguntar el por qué de su actitud*. Esa es la pregunta obvia. «¿Por qué sucedió esto?, ¿qué hay de malo aquí? Padre, ¿por qué no curas a esta persona?, ¿por qué no haces que este adolescente se arrepienta?, ¿por qué no me respondes?» David formuló la misma pregunta: «Dios mío, Dios mío, ¿por qué me has abandonado? Lejos estás para salvarme, lejos de mis palabras de lamento». (Salmo 22:1) ¿Debería decir aquí que hasta Jesús hizo esta pregunta?

Es normal preguntar por qué cuando no comprendemos lo que sucede. ¿Qué haría usted si llamase a su mejor amiga y le dijera, «estoy enfermo en cama, necesito que me traigas un medicamento», y ella dijese, «voy para allá», pero después de diez horas ella no aparece? Supongo que no mentiría allí en su cama y diría, «esto debe ser una prueba. No le voy a preguntar por qué no vino, voy a sonreír y aceptarlo. De todas maneras, ella tal vez sabe mejor que yo si necesito o no el medicamento».

¿Es eso lo que haría? ¿O la llamaría nuevamente y le diría, ¿por qué no viniste? ¡Lo prometiste! ¿Qué sucedió? Amigos, no piensen dos veces en preguntarse tales cosas. ¿Entonces por qué no deberíamos interrogar a Dios, especialmente cuando las cuestiones y necesidades son mucho más importantes?

Debemos encontrar las razones. Somos sus amigos, sus hijos, su cuerpo, ¡las personas por las que él murió! No nos podemos dar el lujo de dar excusas piadosas o pretender que todo está bien cuando no lo está. El Señor espera que nosotros preguntemos. «Clama a mí y te responderé, y te daré a conocer cosas grandes y ocultas que tú no sabes». (Jeremías 33:3).

Si tengo un dolor en la espalda que me impide hacer un trabajo para Dios, y mi esposa y yo oramos durante seis semanas para que me cure, no me hace bien si ella me dice: «Andrés, seguramente vas curar cuando Dios lo crea oportuno». Eso no me satisfaría ¡Podrían ser seis años contando desde ahora! ¡No lo aceptaría, porque conozco a Dios y sé que puedo ir hasta él directamente y decirle, «Señor, ¿por qué no me curas?» Él es mi amigo y mi padre, y él sabe la respuesta, de manera que ¡sería muy disparatado no interrogarlo! ¿Qué sería más lógico o natural entonces?

Y tengo la absoluta seguridad que Dios encontraría la forma de darme una explicación. Quizás no seré curado pero tendría mi explicación. El Espíritu Santo me ayudaría a ver mi situación desde su perspectiva, que sería aun mejor que ser sanado.

Hubiese tratado de acercarme al corazón de Dios en el proceso de búsqueda del por qué no era curado. Y preferiría estar cerca de Dios que ser sanado, ya que no tendría nada que perder. Nunca existió un caso donde Dios no quiso explicar su silencio cuando se le preguntó sobre el mismo. Hay preguntas que tuve que dejar abiertas por un tiempo, pero Dios finalmente siempre responde si en realidad estamos interesados en saber.

Hace un tiempo me dio la respuesta a una pregunta que dejé abierta hace muchos años. Uno de nuestros equipos fue atrapado en Alemania del este con las Biblias en ruso que trataban de pasar por la frontera. Perdimos muchas y esto me perturbó. Le pregunté a Dios: «¿estamos haciendo algo malo?, ¿por qué permitiste esto? Es una gran pérdida, ¡todas esas Biblias que nadie va a leer!» Pregunté y volví a preguntar pero no obtuve una respuesta clara. Entonces la dejé abierta y dije: «está bien, Señor, pero espero una. Esperaré, y no voy a cerrar el archivo» (¡Nunca cierro un archivo sin una respuesta!)

Unos meses después de la caída del Muro de Berlín en 1989, abrí mi diario holandés una mañana y leí que la Stasi, la policía secreta de Alemania del este, había guardado todas las Biblias en ruso que nos quitaron y acababan de mandarlas a la iglesia en Rusia. ¡Eran veinte mil Biblias! Nunca se perdieron y así pude cerrar ese archivo porque tenía mi respuesta, justo allí en blanco y negro. Esas Biblias no estaban perdidas sino demoradas en tránsito y ahora se encuentran donde pertenecen.

Asimismo, hay un segundo elemento que debemos tener en cuenta cuando Dios parece estar silencioso, el que también se puede aplicar a la intercesión. Winston Churchill lo dijo en su famoso discurso de ocho palabras en la ceremonia de graduación durante la Segunda Guerra Mundial: «¡Nunca, nunca, nunca, nunca, nunca ... nunca se rinda!»

Con mayor frecuencia en estos días puedo escuchar que los cristianos dicen frases como: «Yo no pido por cosas más de una vez; creo que Dios me oyó en la primera». Un predicador hizo una declaración, quizás por justificación: «Dios lo dijo, creo, no hay más que decir!» y los cristianos sacaron eso de contexto y lo tergiversaron con la intención que un predicador tal vez nunca tendría. Ellos dicen: «Dios dijo que salvaría a mis hijos, le pedí a él y no hay más que decir. Caso cerrado». Se auto convencen que el hecho de pedir nuevamente es una evidencia de falta de fe, no «gran fe», como dijo Jesús y basados en eso dejan de orar.

Considero que no podemos llamarnos a nosotros mismos intercesores al menos que estemos dispuestos a persistir en nuestras oraciones. Debemos continuar con nuestro clamor hasta que Dios se mueva. Si mis hijos no fuesen salvos, fastidiaría a Dios noche y día, hasta que los viese recuperados caminando junto a él. No correría ningún riesgo. Tampoco me recostaría y diría: «Dios, está bien, yo pedí y ¡eso es todo!» Cuando le pido a Dios por algo muy importante, y todo lo que solicito es importante para mí, no abandono hasta que compruebo que lo ha hecho.

Alguna veces no es necesario ver para saber como por ejemplo, no tuve que ver para estar seguro que Dios había detenido a ese hombre en Moscú que iba a denunciarnos a la KGB. Ahora, por regla general, oro hasta que estoy seguro.

En las Escrituras existen relatos que respaldan la idea de persistencia. Usted puede comenzar con Abraham y sus oraciones por Sodoma y Gomorra. Vimos cómo él regresó allí en varias ocasiones hasta que finalmente tuvo miedo y le pidió a Dios una vez más, y como resultado perdió lo que había ganado (Génesis 18:23-32). Este es un ejemplo perfecto de lo que sucede cuando dejamos de orar demasiado pronto.

Luego estuvo Jacob que luchó con Dios (Génesis 32:24-29). ¿Dónde están las personas que van a pelear hoy con Dios, hombres y mujeres que dirán, «Dios, no te voy a dejar ir hasta que me des lo que te pido?». El salmista clamó al Señor «día y noche» (Salmo 88:1), y también lo hicieron la mayoría de los profetas del Antiguo Testamento. Dios siempre interpretó sus «muchos pedidos» como evidencia de fe. Y en los Evangelios tenemos ejemplos maravillosos. Los más conocidos para la mayoría de nosotros son la historia de la mujer cananea cuya hija estaba poseída por el demonio (Mateo 15:22-28 y Marcos 7:25-30); la parábola de Jesús acerca del juez injusto (Lucas 18:1-8); el hecho que involucró a los dos hombres ciegos en Jericó (Mateo 20:30-34); y la historia de Jesús sobre el amigo que le pidió pan (Lucas 11:5-10).

Este último es mi favorito porque significa la respuesta directa del Señor al pedido de sus discípulos «Enséñanos a orar». Jesús primero les dio el modelo de oración, y de inmediato siguió con su parábola:

«Supongamos —continuó— que uno de ustedes tiene un amigo, y a medianoche va y le dice: "Amigo, préstame tres panes, pues se me ha presentado un amigo recién llegado de viaje, y no tengo nada que ofrecerle". Y el que está adentro le contesta: "No me molestes. Ya está cerrada la puerta, y mis hijos y yo estamos acostados. No puedo levantarme a darte nada". Les digo que, aunque no se levante a darle pan por ser amigo suyo, sí se levantará por su impertinencia y le dará cuanto necesite.

«Así que yo les digo: Pidan, y se les dará; busquen, y encontrarán; llamen, y se les abrirá la puerta. Porque todo el que pide, recibe; el que busca, encuentra; y al que llama, se le abre»

LUCAS 11:5-10.

Me agrada la traducción de Williams de ese último versículo que es fiel al espíritu del texto original: «Sigan pidiendo... sigan buscando... sigan llamando».

¡Qué pasaje de las Escrituras tan increíble! Es la misma enseñanza de los otros pasajes que acabo de mencionar y si los ponemos juntos, todos transmiten un mensaje similar: Si quiere en verdad que Dios cambie de parecer, ¡no se rinda!, ¡siga pidiendo!

Asimismo, existen otros dos puntos que quisiera mencionar relacionado a lo que debemos hacer cuando Dios está en silencio. Estos son: el ayuno y los vellones.

AYUNO Y VELLONES

Siempre que termino un mensaje sobre intercesión, alguien me detiene para preguntarme, «pero Andrés, ¿qué hay del ayuno?» Ellos preguntan esto porque por lo general no hablo del tema.

Primero permítame aclararle que no estoy en contra del ayuno. Lo hice muchas veces en mi vida, pero ahora no lo llevo a cabo con frecuencia. Muchos de nosotros comemos demasiado y la Biblia habla en contra de la gula, de manera que el ayuno puede ser sano solo desde ese punto de vista. Algunas personas ayunan uno o dos días por mes y donan el dinero que ahorran a los pobres o a la Iglesia que sufre, y yo aplaudo ese proceder.

No creo que los cristianos debieran usar el ayuno como medio de acercamiento a los oídos de Dios cuando parece estar en silencio. Comprenda que esta es una opinión personal. Es una cuestión abierta para discutir porque las Escrituras no nos ofrecen muchas enseñanzas acerca del ayuno. Personalmente estimo que cuando proponemos la idea de este para captar la atención de Dios, es como un niño que mantiene su respiración hasta ponerse azul y normalmente se lleva a cabo sin sentido. Surge otro ejercicio legal, otra forma de ganar insignias al mérito para probar lo espirituales y autodisciplinados que somos. Llevado a un extremo, puede también llegar a ser una forma de tratar de repetir o sumar al sacrifico de Cristo.

Dios no va a responder a esto. Él nos escucha basádo en lo que Jesús llevó a cabo en la cruz, no sobre nuestros sacrificios.

Siempre tiemblo cuando alguien me dice: «Decidí ayunar durante cuarenta días como lo hizo Jesús». Me pregunto, ¿cuál es el próximo paso? ¿Van a hacer que alguien los clave en la cruz? Debemos tener especial cuidado cuando comenzamos a pensar que nuestras acciones nos dan «derecho» a acercarnos a Dios. Podemos llegar ante él fundamentándonos solo en el sacrificio de Jesús.

Espero que no me mal interpreten. Considero que existen momentos apropiados para realizar el ayuno. Jesús dijo algo que adopté como mi propia guía de ayuno. Cuando las personas le preguntaron por qué sus discípulos no ayunaban como los fariseos y los discípulos de Juan, Jesús les contestó: «¿Acaso pueden ayunar los invitados del novio mientras él está con ellos? No pueden hacerlo mientras lo tienen con ellos. Pero llegará el día en que se les quitará el novio, y ese día sí ayunarán» (Marcos 2:19-20).

De ese pasaje de las Escrituras rescato un principio general: «Cuando usted está cerca de Dios y todo está bien, no ayuna, ¡hace un festín! Ahora, cuando se aleja de Dios, ayuna». No me refiero al hecho de apartarse como consecuencia del pecado, porque ni siquiera pensaría en eso. Quiero decir cuando se aleja en el sentido de que usted tiene un problema, carga, visión, proyecto, objetivo, algo que debe dominar, un área donde no puede discernir la voluntad de Dios o comprender lo que él trata de decirle, o algo que está obligado a hacer y usted lo percibe demasiado lejos de Dios como para llevarlo a cabo. Entonces puede ayunar a un nivel significativo.

Cabe destacar que en este tipo de situaciones ayuné, y muchas veces resultó de mucha ayuda. Pero reitero, hablamos de ayuno dentro de nuestra relación íntima con Dios a través de Cristo. No debemos hacerlo como una forma de «pagar el precio» de lo que queremos. Jesús ya lo pagó por completo. Entonces nuestros ayunos son para beneficio propio, para ubicarnos a la altura del pensamiento de Dios y ayudarnos a retirar los escombros de nuestras vidas. En ese sentido, pueden tener lugar en la vida de cualquier cristiano.

También existe un lugar para el ayuno en la lucha espiritual, como lo veremos en el próximo capítulo.

Ahora vamos a las cuestiones de los vellones. El concepto proviene de la historia de Gedeón (Jueces 6:12-40). En particular me agrada porque no solo ilustra un punto importante sobre cómo orar, sino que también subraya los conceptos que tratamos anteriormente en este capítulo sobre la forma de interrogar a Dios.

Recordará que Dios visitó a Gedeón para anunciarle que iba a usarlo para rescatar a Israel luego de ser oprimidos y empobrecidos por los madianitas y los amalecitas durante siete largos años. El Señor comenzó su diálogo con él y dijo: «El Señor está contigo, guerrero valiente». ¡Qué declaración! Usted esperaría que Gedeón respondiera, «Oh, tu opinión de mí es muy buena!» Por el contrario, este hombre manifestó: «Si el Señor está con nosotros, ¿por qué nos sucedió esto?, ¿dónde están todas las maravillas de las que hablaron nuestros padres?

¡Eran muy buenas preguntas! Él no aceptó con facilidad lo que el Señor le decía porque tenía buenas razones para ser escéptico.

Soportó siete años terribles, y no estaba predispuesto a escuchar ninguna profecía al menos que estuviese seguro que era Dios quien le hablaba. Y cuando su conversación con el Señor continuó, su escepticismo no disminuyó, ni siquiera cuando Dios le dijo: «Tú derrotarás a los madianitas como si fueran un solo hombre, porque yo estaré contigo». Gedeón le respondió: «Si me he ganado tu favor, dame una señal de que en realidad eres tú quien habla conmigo». Luego llevó una ofrenda al Señor, y Dios le dio a él su señal causando fuego desde una roca y consumiéndola.

Esto no fue suficiente para él. No obstante darse cuenta que era Dios con quién trataba, pretendía otra señal para estar seguro que había oído correctamente la manera que Dios iba a usarlo. Entonces dijo: «Si has de salvar a Israel por mi conducto, como prometiste, mira, tenderé un vellón de lana en la era, sobre el suelo. Si el rocío cae solo sobre el vellón y todo el suelo alrededor queda seco, entonces sabré que salvarás a Israel por mi conducto, como prometiste». Era una prueba dura, y Dios hizo lo que le pidió.

Todo esto no era suficiente para Gedeón. Regresó al Señor y esta vez le dijo que quería el vellón seco y el suelo húmedo por el rocío. Y Dios también lo hizo. Después de estos acontecimientos, Gedeón creyó lo que Dios le decía y partió a derrotar al enemigo como Dios lo prometió.

Aquí nos enfrentamos a la pregunta que es cuestión de álgido debate en muchos círculos cristianos: ¿Estaba este hombre equivocado al «probar» a Dios? Muchos cristianos condenaron su actitud. «Dios había hablado», dijeron. «Gedeón estaba equivocado al cuestionarlo, más aun probarlo exigiéndole tres señales. ¡Él debería haber creído la primera vez que le habló!»

No estoy de acuerdo. Creo que Dios comprendió la necesidad de él de una confirmación y le gustó su actitud. Desde luego no existe una simple indicación en las Escrituras que Dios se ofendió por eso. Cuando Gedeón expresó: «Si estás con nosotros, ¿por qué ha sucedido todo esto?» La reacción de Dios fue, en esencia: «Gedeón, tú eres mi hombre!» Creo que Dios esperaba que él fuera más escéptico porque tenía toda la razón para serlo y estaba preparado para enfrentarse a ese escepticismo con cualquier confirmación que le quería.

La paciencia de Dios no tiene fin cuando le solicitamos que confirme su palabra en nuestra vida. Eso no significa duda, ¡es fe! Como cristianos podemos pedir grandes cosas pero por lo general tenemos temor aun por cosas pequeñas. Gedeón, no. Mostró audacia y firmeza. ¡Era un verdadero guerrero! Y Dios le dio lo que necesitaba para llevar a cabo su voluntad.

Creo que existen momentos en los cuales podemos sacar un vellón, no a diario ni tampoco por el deseo de experiencias dramáticas, pero si en situaciones como las que enfrentó Gedeón, en la cual Dios parece estar diciéndonos algo increíble y nosotros necesitamos una confirmación definitiva. Hay instancias similares a esta en las Escrituras, que incluyen la señal de Dios a Abraham (Génesis 15:7-17) cuando necesitaba consuelo sobre la promesa que Dios le daría herencia, y la señal a Moisés (Éxodo 4:1-9) cuando precisaba probar que él había hablado con Dios.

Sin dudas, fueron situaciones excepcionales y Dios está abierto a nuestras necesidades, y en condiciones de este tipo. Es su forma de obrar. En este sentido, no debemos permitir que el temor o la falsa piedad nos paralice o impida hacer lo que él nos solicita que hagamos. Sabemos cómo orar, es decir, con oraciones precisas y persistentes. Nos podemos dar el lujo de ser valientes. ¡Dios es más grande de lo que podemos imaginar!

Capítulo seis

Cuando es voluntad de Satanás y no de Dios

Mi padrastro inglés, el tío Hoppy, nunca me preguntó: «Andrés, ¿qué hora es? Sino, Andrés, ¿cómo está el enemigo?»

El tío Hoppy siempre luchó contra el diablo y buscó nuevas formas para burlarlo o frustrar sus planes. Él comprendía bastante acerca de la lucha espiritual y sabía el valor que tenía la vigilia constante. Admiraba su espíritu de lucha y traté de desarrollar yo mismo ese espíritu.

¿Qué tiene que ver entonces la lucha espiritual con el libro sobre cómo hacer cambiar de parecer a Dios? Todo. En primer lugar, muchos cristianos confunden la tragedia o el mal que ven a su alrededor como algo que surgió de un Dios permisivo y cariñoso cuando en realidad es obra del enemigo.

En segundo lugar, hasta que usted no intente que Dios cambie de parecer, no va a comprender la lucha espiritual. El diablo se le opondrá a esto porque quiere que el mal persista en el mundo.

Mírelo de esta forma: si algo existe, Dios no ha decidido abolirlo. Y si le pedimos a Dios que cambie de parecer en lo que se refiere a permitir que una situación mala o circunstancia existan, Satanás hará todo lo que esté a su alcance para molestarnos. Él desea que la gente viva en la oscuridad y el pecado y es un ardiente enemigo de la oración.

Resulta extraño que muchos cristianos en la actualidad parecen ignorar la presencia del enemigo en nuestro mundo, y mucho menos el hecho que él no quiere que nosotros alteremos sus planes. Aun con la enorme popularidad de los libros mejores vendidos que relatan hechos reales sobre la batalla entre las fuerzas de Dios y Satanás. En muchas iglesias que visito hay una alarmante falta de conocimiento acerca de esta lucha espiritual. Aunque parezca mentira, es verificable en naciones donde el evangelio es predicado sin restricciones. Cuando visito iglesias en el mundo libre, a menudo escucho comentarios como: «No creo el hablar sobre el diablo; prefiero hacerlo acerca de Dios», como si de alguna manera pensáramos negativamente cuando mencionamos a Satanás, y lo que mejor podemos hacer es ignorarlo de la manera que lo haríamos con un perro que gruñe con la esperanza que él perderá el interés y se irá. A diferencia, la iglesia que padece en todo el mundo, no tiene esta actitud. Experimentaron en forma directa qué acontece cuando ignoramos al diablo y esperamos que él tenga la misma cortesía. Siempre es posible centralizar un punto poco saludable sobre Satanás y él probablemente sea culpado por tanto mal en algunos círculos, pero la mayoría de los cristianos que conozco no cometen ese error. Por una razón u otra, eligen no prestarle atención alguna. Y como resultado, no están preparados para la clase de lucha que el enemigo declara hoy.

Algunos creyentes pierden la oportunidad de que Dios cambie de parecer porque no creen necesitar un cambio. No ven la importancia de nuestras oraciones de lucha contra el mal. No perciben las actividades de Satanás porque malinterpretaron las Escrituras o tomaron uno o dos versículos fuera de contexto para apoyar sus actitudes de esconder cabezas bajo el ala. «Jesús derrotó al demonio en nombre de cada uno que cree», y dirán, «entonces Satanás no puede tocarme. Le pertenezco a Dios, y él puede controlar todo lo que me sucede, incluso las cosas que puedan parecer malas desde un punto de vista humano. No voy a luchar contra eso, solo lo haré por la voluntad de Dios».

Esta actitud me conmueve y me consterna por tres razones importantes.

Primero, se sustenta en una mentira, en el sentido que Satanás no es una amenaza para los cristianos. La Biblia nos enseña lo contrario. Jesús advirtió a sus seguidores sobre la oposición satánica que enfrentarían al predicar el evangelio, representando al demonio como un asesino y «padre de las mentiras» (Juan 8:44). Cuando Satanás se jactó de que él controlaba «todos los reinos del mundo y su esplendor» y que tenía el poder para darlo a quien él eligiese, Jesús no discutió (Mateo 4:8) e inclusive lo llamó «el príncipe de este mundo» (Juan 14:30).

Los escritores del Nuevo Testamento identifican a Satanás como un acusador implacable de cristianos (Apocalipsis 12:10), un tentador (1 Tesalonicenses 3:5), un entrometido

(1 Tesalonicenses 2:18), «el dios de esta era» (2 Corintios 4:4), «el soberano del reino del aire, el espíritu que ahora ejerce su poder en aquellos que desobedecen» (Efesios 2:2), el mal (Mateo 13:19) y el enemigo (Mateo 13:39). Pablo advierte que Satanás «se hace pasar por ángel de la luz» y sus servidores «como servidores de la justicia» (2 Corintios 11:14-15). Pedro lo caracteriza como «león rugiente» que está a la caza de una buena comida y nos enseña a estar alertas porque nuestro adversario constantemente nos aflige y también a nuestros hermanos y hermanas en todo el mundo. (1 Pedro 5:8-9).

Frente a esto, ¿cómo puede un cristiano creer que Satanás no es una amenaza para nosotros?

Lo segundo que objeto en esta actitud cruel. Llevada a su conclusión lógica dice: «Estoy a salvo y mis seres queridos están protegidos, entonces ¿a quién le importa lo que le sucede a otros?» ¿Visualiza lo que ocurre cuando usted cree en una mentira? Comienza con una premisa falsa, que Satanás no puede lastimar a los cristianos, y luego es conducido al pecado. En este caso concreto, el pecado es egoísmo y dureza de corazón hacia el resto del mundo. No podemos conocer y amar a Dios y luego dar la espalda a personas en condición de deterioro que él nos ordenó amar y rescatar. Al menos, creamos en la mentira de Satanás. Entonces, como él bien sabe, todo es posible.

La tercera razón por la cual estoy disgustado con esta actitud es porque dice que no deberíamos resistir al mal activamente ya que podría ser el bien disfrazado. Esto es simplemente una rendición moderna del llamado «consejo de sabiduría de Gamaliel», que fue fatalista y poco sabio.

Usted recordará que Gamaliel, el líder de los fariseos, discutió que el Sanedrín no debía oponerse a las prédicas de Pedro y de los otros apóstoles porque «si sus propósitos o actividades son de origen humano, fracasarán. Pero si es de Dios, no podrán destruirlos; y ustedes se encontrarán luchando contra Dios» (Hechos 5:38-39).

Como cristianos deberíamos capacitarnos en el estudio de la Palabra y no tener razonamientos llenos de defectos. Se nos prometió a quienes conocemos a Dios, toda la sabiduría necesaria para discernir la diferencia entre lo que es de origen humano (la carne) y lo que es de Dios (Santiago 1:5; 1 Juan 4:1-6). No debemos recurrir a excusas piadosas para ignorar los propósitos de Dios al decir que «la crema llegará hasta la punta», que en esencia es lo que Gamaliel hizo con el Sanedrín. Por supuesto que era el fatalismo inherente en su argumento el que llegaba a los fariseos hipócritas, entonces en ese caso el demonio orquestaba su propia derrota. Pero los apóstoles sobrevivieron para predicar.

Debemos entender que Satanás siempre intentará inyectar alguna forma de anestesia para volver al cuerpo de Cristo inconsciente de su presencia antes de atacar. El fatalismo apático es solo uno de los dispositivos que a él le agrada utilizar. Luego hablaremos de los demás en este capítulo.

Estoy convencido que la pregunta del tío Hoppy «¿cómo está el enemigo?», es buena para que todos nos preguntemos por qué debemos permanecer alertas a lo que hace nuestro adversario. Hay dos preguntas importantes que también debemos responder si vamos a convertirnos en los intercesores poderosos que Dios quiere que seamos: ¿quién es el enemigo y cómo podemos derrotarlo? Veamos en este capítulo quién es Satanás y cuáles son sus tácticas. Luego en el próximo capítulo, hablaremos acerca de las armas y estrategias específicas que podemos emplear para derrotarlo.

Cuando usted ve su nombre: Satanás, demonio, Belcebú, Lucifer, ¿Qué imagen viene a su mente? El personaje de historieta con una sonrisa pícara, cuernos graciosos y una cola larga y puntiaguda que lleva ropa interior roja y una horquilla? ¡Estoy seguro que a Satanás le encanta esa imagen! ¿Quién podría tomar en serio esa figura ridícula? Sin dudas él sonríe con satisfacción cuando las personas compran camisetas para sus hijos como las que me fueron descriptas hace poco que muestran caricaturas creativas de diablillos con cuernos e inscripciones tales como «diablillo y hermoso como el diablo», y el más increíble de todos, «diablillo de papá».

Muchos cristianos tienen problemas inclusive al pensar en el diablo en términos de estas tiras simpáticas. Lo pueden identificar solo como una «fuerza negativa» o una «influencia del mal», no como un ser real. Él hace todo lo posible para fomentar esa clase de imprecisión de su identidad porque sabe que en el momento que vemos precisamente quién es, nos convertimos en una amenaza real para él. Una vez que lo detectamos como alguien que actúa de maneras predecibles dentro de límites específicos, podemos anticipar sus estrategias, ver a través de su disfraz y combatirlo con éxito al usar las armas poderosas que Dios no dio. En consecuencia, el diablo desperdicia tiempo y energía al tratar de ocultarnos su identidad verdadera.

Hay varias descripciones de Satanás en las Escrituras que pueden ayudarnos a tener una imagen realista de su carácter y personalidad.

Sabemos que en sus orígenes se llamaba Lucifer y pertenecía a un grupo de ángeles de Dios a los que se les concedió el mismo privilegio que nos fue dado a nosotros: ellos podían elegir libremente obedecer o desobedecer a Dios. Lucifer, por razones que quizás nunca podamos descifrar, estaba tan orgulloso de su belleza, brillantez y posición privilegiada que finalmente decidió que merecía ocupar el trono de Dios como único gobernante del universo (Isaías 14:12-15; Ezequiel 28:12-19). Fue el primer y único golpe de estado en el cielo. Pero fracasó. Lucifer fue expulsado de allí y un tercio de los ángeles de Dios que se unieron a la rebelión fueron desterrados con él.

¿A dónde fueron? ¡Mire a su alrededor! Satanás es ahora «el príncipe de este mundo». Nuestro planeta está bajo su control y funciona de acuerdo a sus reglas. En este sentido, es el propio reino personal de Satanás y su plan es que cada ser humano lo adore y obedezca. Su libreto no cambió; solo los actores y la ubicación.

¿Quién le otorgó al diablo tanto poder en nuestro mundo? ¡No fue Dios! Él creó al mundo y se lo entregó al Señor, a las personas que hizo a su propia imagen, a aquellos que él dotó con voluntades libres para que pudiéramos elegir libremente amarlo y obedecerle. Él confió el mundo a nuestro cuidado y nosotros se lo dimos a Satanás. Año tras año, siglo tras siglo, creímos en sus mentiras y le permitimos tomar cada vez más prisioneros y territorios e inclusive se atribuyó a veces la obra de sus manos a Dios, cuando sabemos que Dios es soberano.

Aun aquellos de nosotros que nos negamos a darle una mano, estamos forzados a vivir en un mundo que él domina. El planeta que Dios creó con tanto amor para que sea su propio reino de paz fue invadido por el enemigo, y todos pagamos el precio, en particular los cristianos.

Según la óptica del demonio, somos como moscas en la sopa. Desde su perspectiva, los cristianos constituimos la única amenaza verdadera a su poder. O quizás peor, somos un continuo recordatorio de su fracaso. Cada vez que ve un cristiano, recuerda que nunca va a ocupar el trono de Dios. Este mundo es el único reino que no tendrá la oportunidad de controlar. Imagine su furia cuando sabe que algunos de nosotros estamos dispuestos a dejar nuestra vida para arrebatarle este reino y hacerlo para Dios de nuevo. Ahora, ¿Cómo podemos emprender este desafío?

No obstante formar parte de un ejército pequeño y a menudo desorganizado, debemos tener en cuenta que Satanás todavía tiene una razón justificada para temer porque disponemos de acceso directo a toda autoridad y poder de Dios, y tenemos un anfitrión angelical poderoso que ampliamente supera a su propio grupo. Como recordará, cuando Satanás cayó se llevó solo una tercera parte de los ángeles y no puede crear más. Por eso, dos tercios de ellos permanecen del lado de Dios y nuestro. Tenga por seguro que Satanás nunca se olvida de ese hecho aleccionador. Tampoco nosotros deberíamos hacerlo.

Esta situación es más que intolerable para el diablo. Lo enfurece. Los cristianos, somos los únicos parados desafiantes entre él y la total dominación de su reino planetario. Si no fuera así, tendría el placer de decirle a Dios en el juicio final: «¿Ves? ¡Todas las personas que creaste me eligieron a mí y no a ti!»

Existe algo peor aun desde el punto de vista de Satanás que lo hace temblar no solo con furia sino también con temor: saber que nosotros como cuerpo de Cristo podemos unirnos en vínculo de amor y levantar armas contra él, y desafiar su poderío con toda la autoridad que Dios puso en nuestras manos. También hacer en su contra lo que los rumanos en 1989 hicieron al régimen que los oprimió por años. Estamos en condiciones de levantarnos y destronarlo. Por la autoridad de Dios, podemos destruirlo a él y su ejército del mal.

El objetivo de Satanás es evitar que eso suceda. Por ese motivo debe mantener al mundo y sus habitantes en total oscuridad y así ocultar la posibilidad de conocer y experimentar la voluntad de Dios. Si lo puede llevar a cabo, los cristianos nunca sabrán que Dios les dio autoridad y medios para recuperar el mundo y rescatar a los que Satanás tiene cautivos y así su reinado del mal continuará.

Mediante este proceder, todavía mantiene la esperanza que él puede arruinar el plan de Dios por un nuevo cielo y una nueva tierra reservada solo para aquellos que eligen libremente amar y adorar a Dios.

Satanás es consciente que muy pocas personas elegirán seguirlo si saben quién es él y comprenden su alternativa. Entonces coloca toda su energía para evitar que la luz de la verdad brille en la oscuridad. Él está empeñado en tratar que los cristianos no hagan uso de la autoridad que poseen en su contra.

LAS ESTRATEGIAS DE SATANÁS

¿Cuáles son algunas de las estrategias que Satanás emplea para llevar a cabo este objetivo? Seis son las que quisiera exponer y son las que resultaron más exitosas. Solo después de examinarlas, veremos (en el próximo capítulo) algunas diseñadas por Dios para que podamos derrotar al enemigo. Si sabemos a quién enfrentamos y comprendemos cómo usar las armas que Dios nos dio, estamos en condiciones de ganar ¡El que está en ustedes es más poderoso que el que está en el mundo! (Véase 1 Juan 4:1-4)

Número 1: El demonio trata de bloquear la fuerza de los cristianos en contra de él, al reprimir nuestra fuente de poder y la oración.

Esta es una de las estrategias más importantes de Satanás. Nada lo detendrá para interrumpir nuestra capacidad de comunicarnos con Dios, para llegar a conocerlo a él y su voluntad. Es a través de la oración que unimos fuerzas con nuestro comandante en Jefe y atacamos las fortalezas enemigas. En realidad, una de las formas que podemos medir la efectividad de nuestras oraciones es observando lo mucho que el demonio trata de detenerlas.

¿Cómo interrumpe nuestras oraciones? Aislándonos de Dios y de todos. Esta es una estrategia militar empírica. Si él puede apartarnos de Dios, corta la línea de suministro de manera efectiva (el poder del Espíritu Santo), debilita nuestras defensas y evita que recibamos órdenes desde el cuartel general.

El aislamiento de nuestros hermanos cristianos es también crítico para las fuerzas demoníacas porque «dónde dos o más se reúnan» para orar en el nombre de Jesucristo, todo el poder del cielo se centraliza y es lanzado en contra de ellos. De esta manera, mientras Satanás trabaja horas extras para evitar que nosotros oremos individualmente, lo hace cien veces más duro para evitar que lo hagamos junto a otros creyentes. Nuestras oraciones unidas significan un desastre para él ya que constituyen la amenaza más grande a su poder.

La manera sutil que Satanás emplea para aislarnos de Dios y de todos, siempre implica tentarnos a pecar. ¿Por qué? Porque cuando lo hacemos, existe la posibilidad que no lo confesemos. Percibí que Satanás por lo general nos tienta a pecar en dos áreas que están probadas ser las más fructíferas para él a lo largo de todos los tiempos:

—El Poder: Satanás es muy inteligente al ubicarnos en posiciones que nos dan un sabor de poder, porque sabe que probablemente tengamos ansias de más. Una vez que disfrutamos de ese poder, Satanás hace que nos cubramos de orgullo y nos asemejemos cada vez más a él y estemos menos conscientes de nuestra dependencia de Dios. El aumento de lo oculto en nuestro tiempo es un buen ejemplo de lo que esta tentación implica. Satanás fue capaz de atraer a millones de personas a prácticas ocultas como horóscopos, lectura de manos, cartas de tarot, tableros de ouija, sesiones de espiritismo, brujería, y el movimiento de la nueva era entre otros, convenciéndonos que a través de ellos podemos ganar control sobre nuestra propia vida y la de otros.

Las prácticas ocultas de Satanás son las farsas sustitutas de la relación genuina para sostener con Dios mediante la oración y la comprensión de su Palabra. Ellas también atraen nuestra curiosidad acerca del futuro. Muchas personas tienen el deseo irresistible de saber lo que les deparará el mañana. Me pregunto ¿cuántos se detienen a pensar lo aburrido y sin sentido, o lo predecible que sería su existencia si realmente lo supiesen? Millones de personas se quejan por un lado de lo predecible que son sus vidas cotidianas, mientras que por otro lado, abren sus periódicos para leer el horóscopo y obtener respuestas que despejan todo el misterio y la emoción que quedan.

La atracción hacia lo oculto nunca fue algo lógico. Supongo que su poder es similar a las gemas falsas que hoy son tan populares. Tal como dicen las publicidades «¡Ni siquiera un joyero puede notar la diferencia. Se ve como un diamante verdadero!» o esmeralda, o rubí. Si es así, ¿por qué lo falso es tan barato cuando lo verdadero es tan caro?, ¿por qué hay todavía tantas personas dispuestas a sacrificarse para poseer lo auténtico?

La verdad es que las personas que no comprenden el valor de lo verdadero comprarán ante todo lo que se vea caro y así poder engañar a otros haciéndoles creer que poseen el objeto auténtico. La decepción está en el fondo de esta cuestión. Es la atracción hacia lo oculto, sin importar las máscaras que usa. Engaña a las personas para que acepten sustitutos que resplandecen por una espiritualidad que se ve real, pero que al final solo nos mantiene separados de Dios.

-El Placer: Esta segunda área en la cual Satanás nos tienta a pecar es poderosa, porque Dios nos creó con una capacidad extraordinaria para gozar. Cuando estamos en una relación correcta con él, podemos experimentar un placer desconocido para cualquiera, excepto para los amigos de Dios (¡E infinitamente se nos promete más en el otro mundo!) En cambio, Satanás descubre que puede a menudo llegar a un acuerdo con nosotros por sustitutos patéticos y pervertidos.

Como dijo C. S. Lewis, somos como niños que cocinan tortas de barro en barrios pobres porque no podemos imaginar lo que significa el ofrecimiento de unas vacaciones en la playa. El placer es en este caso como una forma de llevarnos al pecado porque hacemos lo que sea para obtenerlo. Nos degradamos, humillamos y hasta nos matamos unos a otros o a nosotros mismos para lograr de eso un momento fugaz.

Científicos descubrieron que cuando a los animales de laboratorio se les permite que se auto-administren cocaína cuando lo desean, aumentan su ingestión rápidamente al punto de recibir inyecciones de la droga sin interrupciones hasta que por último su corazón sencillamente explotan. Literalmente, se suicidan por un deseo insaciable de mayor placer.

Los seres humanos actúan de la misma manera. Miles mueren cada año por sobredosis porque son adictos al placer y nada los detendrá para lograrlo. Y aunque resulte increíble, muchas mujeres embarazadas rechazan no tener el placer por las drogas aun cuando saben que sus bebés morirán por consecuencia de ellas. Satanás sabe lo fácil que es tentarnos en esta área.

El sexo promiscuo y pervertido está, por supuesto, bajo esta misma categoría desde pornografía hasta violación o abuso de niños y miles de variaciones en el medio. El sexo puede resultar adictivo para las personas que no comprenden cómo puede alejarnos de Dios.

El dinero y los bienes también caen en esta categoría. Cuando se le preguntó a John D. Rockefeller, uno de los hombres más ricos del mundo: «¿Cuánto dinero es suficiente?», él respondió con una sonrisa triste, «solo un poco más».

Recuerde: El placer en sí mismo no es malo, no más de lo que son el poder, sexo, dinero o bienes. Es cuando amamos más a estas cosas que a Dios o cuando las anhelamos tener, es que estamos dispuestos a desobedecer a Dios para poseerlas y así se convierten en nuestros ídolos. A Satanás le encanta tentarnos con sustitutos pervertidos por los placeres puros que Dios prometió darnos mediante su relación con él.

Cuando Satanás no puede tentarnos a pecar con poder o placer, utiliza otras tácticas más sutiles, tales como introducir dudas en nuestras mentes para imposibilitar nuestra fe. Si nosotros la perdemos, es probable que pequemos. Hasta nos susurra la misma pregunta que le formuló a Eva: «¿Dijo Dios en realidad...?»

Se las ingenia para aislarnos a través del pecado, y trata que ese alejamiento sea permanente convenciéndonos que nunca podremos ser perdonados. Entonces, mientras que siempre tenemos que estar atentos a las tentaciones de pecar, nunca debemos dejar que Satanás nos engañe haciéndonos creer que el pecado nos situó en una posición de desolación, porque esa voluntad nos derrota. Dios siempre está preparado para recuperarnos cuando procuramos su perdón.

Si el demonio no nos permite usar nuestra autoridad en su contra manteniéndonos alejados de la oración, él se acerca de manera astuta.

Número 2: Trata de convencernos que podemos creer en Dios pero no obedecerle.

Esto es algo que experimenté yo mismo. Como ejemplo, Satanás sugiere, ya sea directamente o a través de otras personas (quizás aun cristianos), que Dios en realidad no espera que yo vaya a sitios peligrosos como Beirut, a pesar que sé que él me llamó para hacerlo y me confirmó que mi utilidad para él está en asistir espiritualmente en tales lugares.

A veces tengo pensamientos que dan vueltas en mi mente: «Andrés, eres demasiado valioso a la causa de Cristo como para ponerte en esa posición tan arriesgada. Después de todo, no sería bueno para el cuerpo de Cristo si murieses. Sería más prudente que permanecieras en casa y emplear el conocimiento que obtuviste en enseñar a otros más jóvenes y fuertes. De esta forma puedes multiplicar tu ministerio. ¿No hiciste lo suficiente? Dios sabe que tú crees en él y aun asi te dijo que vayas al Líbano y a todos estos otros lugares terribles. Él comprenderá si tú decides quedarte en casa y poner a trabajar tus talentos en otras formas menos peligrosas».

¿Ve lo sutil que puede ser esta clase de táctica? No tengo dudas que millones de potenciales misioneros y evangelistas fueron neutralizados por este mismo enfoque.

«Seguro», susurra Satanás, «Dios debe haber dicho: "Ve por el mundo y predica el evangelio", pero ¿dijo que todos debían ir? ¡Eso no sería razonable! "Si todos lo hicieran, quién quedaría en la iglesia?"». A propósito, ¡es una pregunta fenomenal! Si nuestras iglesias hicieran lo que deben, estarían vacías excepto por los recién convertidos y los aprendices, ¡porque los otros partirían a cumplir lo que Dios les encomendó! Ese sería el primer día que el vecindario tomaría la iglesia con seriedad. Estoy seguro que el resultado de todo se centraría en una iglesia llena la próxima semana y con nuevos convertidos.

A Satanás le agrada tomar un paso de ventaja con esta estrategia.

«Puedes creer en Dios y obedecerle solo al permitir brillar tu luz, cuidar tu familia, cumplir tus responsabilidades laborales, y vivir una vida que dé buen ejemplo. No debes hablar a las personas acerca de Jesús. Tampoco interceder por otros. No debes dar a la obra de Dios o participar en luchas contra las drogas, aborto, ocultismo, corrupción política o pornografía. No es necesario que te sacrifiques de esa manera». Esto conduce a la tercera táctica de Satanás para evitar que los cristianos usen toda autoridad contra él.

Número 3: Trata de convencernos acerca de que tenemos el derecho a ser felices.

En realidad, no tenemos derecho a ser «felices», al menos no en términos humanos. Tampoco tenemos derecho a una familia feliz, una casa bonita, belleza, prosperidad, popularidad o fama. Dios nos dijo que en este mundo vamos a encontrar nuestra verdadera y única felicidad al «conocerlo e involucrarnos en sus planes».

Nunca olvidaré el momento en que ministraba en privado en un hogar de una ciudad capital de la Europa del este en los años sesenta. Enseñaba las Escrituras a un grupo considerable de cristianos deseosos de la palabra de Dios. Mientras hablaba, la puerta se abrió y para mi sorpresa entró un viejo amigo mío. Su nombre era Karl. Yo creía que todavía permanecía en prisión. Trabajé con él en otro país donde las iglesias eran y aun hoy son derribadas, los creyentes llevados a prisión y las Biblias destruidas. Karl fue arrestado por evangelizar y sentenciado a prisión por tres años. Ahora me encontraba en otra ciudad y ¡Karl se me aparecía!

Como podrá imaginar, estaba muy feliz. Saltábamos, nos abrazábamos y llorábamos como se hace en ocasiones como estas.

Finalmente nos tranquilizamos y me di cuenta que no podía hablar más. Solo quería escuchar y no hablar. Sabía que Karl nos enseñaría más de lo que yo mismo podía. Los presentes comprendían que un día ellos también tendrían que pagar el precio que Karl pagó, entonces se aferraban de sus palabras. Habló de sus experiencias en prisión por un lapso de tiempo y luego me miró. Yo era el único extranjero en el grupo. «Andrés», dijo: «¿hay pastores que por su fe se encuentren en prisiones holandesas?»

Nadie me había formulado tan extraña pregunta, y no tuve que pensar mi respuesta porque sabía que si un pastor estaba en una prisión holandesa, era por no ser un buen pastor cristiano, no porque él lo fuese. «No», le dije.

Podía ver que mi respuesta era dolorosa para Karl. En este país, solo los buenos cristianos estaban en prisión. Él pensó sobre esto por un minuto y luego me preguntó: «¿Por qué no?»

A esta altura de la conversación ya estaba nervioso. ¿Cómo podía dar una explicación convincente a mis hermanos que vivían bajo persecución? Comencé entonces a hablar sobre las libertades que tenemos, por ejemplo de todas las tiendas de libros cristianos que existen, las Biblias que podemos poseer, cómo podemos predicar en nuestras iglesias una hora a la semana si queremos, cómo podemos gritar desde los techos, ir por las calles, predicar en televisión, radios y revistas. Les conté que en Holanda yo uso todos esos medios de comunicación para predicar las buenas noticias, y les dije que hasta puedo salir e invitar a mis vecinos que vengan a la iglesia conmigo. En el país de Karl, podría ir a prisión por tres años por hacer esto. Yo dije: «Podemos hablar acerca de Jesús con las personas que trabajamos. Y también entregar Biblias a cualquiera».

Luego miré a mi alrededor y vi que esas personas no podían comprender lo que decía. Estaba más allá de su entendimiento. De repente me sentí avergonzado. Fue ridículo hablarles de estas cosas a estos creyentes perseguidos. Entonces no hablé más. Percibí que los ojos de Karl de un azul extraño me miraban. Después de varios minutos de silencio, abrió su boca y dijo, «Si todo esto es verdad, entonces dime Andrés: ¿Qué haces en Holanda con 2 Timoteo 3:12?»

Obviamente era uno de sus versículos favoritos, pero yo no lo sabía de memoria, de manera que lo tuve que buscar. Abrí mi Biblia y lo leí en voz alta. Nunca olvidaré lo que Dios dijo allí: «Asimismo serán perseguidos todos los que quieran llevar una vida piadosa en Cristo Jesús...» En el versículo anterior, noté que la persecución era mencionada dos veces más.

Permanecí en silencio por varios minutos. Luego reaccioné de una manera típica como cualquiera de nosotros en esa situación lo hubiera hecho en el mundo libre. De inmediato me convertí en un teólogo y comencé a explicar que este versículo aplicaba a la primera iglesia porque Pablo hablaba acerca de los lugares donde fue golpeado y llevado a prisión. En realidad se refería a ese período dos mil años antes, no a la actualidad. Con cada minuto que pasaba mi nerviosismo aumentaba.

Después de observar los rostros tristes e incrédulos que me rodeaban, suspiré y dije: «Estos versículos tal vez se aplican hoy a países restringidos como el de ustedes. Y países donde la revolución y la guerra causan la misma clase de sufrimiento. Pero en Holanda, Estados Unidos, y otros países libres, no sufrimos persecuciones por nuestra fe. ¿Por qué deberíamos?»

Comenzaba a sudar. Dejé de hablar y nadie mencionó palabra alguna por un largo tiempo. Karl solo me miraba con esos ojos azules penetrantes. Leí el versículo varias veces. «Todos», decía. «Todos los que quieran llevar una vida piadosa en Cristo Jesús serán perseguidos».

Me sorprendió. Nosotros que vivimos en el mundo «libre» no estamos exentos. Si no somos perseguidos, deberíamos formularnos el interrogante de Karl: ¿Por qué no? En la actualidad, más de la mitad de la población mundial no puede tomar seriamente la palabra de Dios y vivir una vida piadosa en Cristo Jesús sin ser perseguido o llevado a prisión o asesinado por esa causa.

Finalmente, miré a Karl que no apartaba sus ojos de mí y dije: «Perdóname Karl, no hacemos nada con ese versículo».

Negó con su cabeza de manera triste y yo también hice lo mismo.

Esa vivencia permanecerá conmigo para siempre. Fue un poderoso recordatorio de un hecho que Satanás quiere que olvidemos: todos nosotros vivimos en territorio enemigo, no solo aquellos en naciones restringidas del mundo. Si amamos a Dios y vivimos como Jesús nos enseñó, seremos perseguidos, injuriados, odiados, se reirán de nosotros o tal vez seremos enviados a prisión o asesinados por nuestra fe. No seremos los consentidos del pueblo ni héroes, excepto entre aquellos que forman parte de la minoría que vive para Dios. No seremos aplaudidos o tolerados por los enemigos de Dios.

Como consecuencia, debemos mantener una perspectiva correcta, y recordar que tenemos toda la eternidad para ser dichosos. La felicidad no debería ser una consideración para nosotros. Jesús nos advirtió que todo creyente «en este mundo afrontarán aflicciones» (Juan 16:33). Esto no significa que nuestra vida constituirán un periodo largo de agonía implacable, aunque hoy este sea el caso para muchos cristianos. Es necesario no olvidar que nuestro enemigo no nos dejara libres para vivir una vida en armonía con Dios. Nos atacará constantemente si lo amenazamos de cualquier manera tratando que Dios cambie de parecer acerca de permitirle su actividad.

Número 4: Satanás intenta detener a los cristianos al generar miedo, ya sea a nivel individual como por ejemplo el temor a ser testigo de su vecino o compañero de trabajo o miedo a nivel nacional.

Es un intimidador profesional. Crea sistemas políticos opresivos y crueles como el comunismo y el fascismo que persiguen destruir todo conocimiento de Dios y hacer que las personas teman hasta de orar.

Cientos de millones de personas fueron aisladas por estos medios de la prédica del evangelio durante gran parte el siglo veinte. No podemos olvidar que incluso con el advenimiento del glasnost y la perestroika en la Unión Soviética, millones alrededor del mundo todavía no pueden leer la Biblia o hablar del nombre de Cristo sin temor a la tortura, prisión o muerte.

Satanás también inspira sistemas religiosos falsos que controlan naciones completas y causan terribles sufrimientos a los cristianos que viven en esas tierras. A menudo dichos sistemas mandan a la Iglesia bajo tierra. Inclusive, en la actualidad en muchas naciones del oeste, la influencia de falsos sistemas religiosos hace más difícil a los cristianos predicar el evangelio. Cuando sostienen que la salvación se encuentra solo en Cristo, son atacados como «fanáticos intolerantes y estrechos de mente».

Esto sucede con mayor frecuencia. Recientemente, cierto individuo en un *talk show* televisivo en los Estados Unidos fue aplaudido por el público cuando habló acerca de su reciente conversión a una religión mística del este y dijo: «Estoy convencido que hay solo un pecado verdadero, y se llama estrechez de mente». Por supuesto que su insinuación era que los cristianos, que sostienen que existe solo un Dios y una forma de conocerlo, son los peores de todos los pecadores. Me pregunto, ¿quién puso esa idea en su cabeza?

Siempre digo a mis amigos cristianos en naciones restringidas que sería mejor que se preparen para un trabajo misionero porque pronto los buscaremos para ayudarnos. Aquellos de nosotros que nunca en el mundo occidental sufrimos por nuestra fe vamos a enfrentar la realidad de 2 Timoteo 3:12. Nos encontraremos como objetos de persecución, ridiculizados y despreciados de una manera que nunca antes experimentamos porque estamos en una condición vulnerable y debilitante. Tiemblo al pensar lo que podría suceder si no nos preparamos para lo que enfrentaremos en la próxima década. Mientras más observo lo que hace hoy Satanás, más me convenzo.

Número 5: Satanás trata de neutralizar a los cristianos al sembrar semillas de disensión, acusación, furia, desconfianza o amargura entre hermanos. Esto rompe el vínculo de unidad del amor y mantiene a los cristianos distraídos e incapaces de organizarse para un contraataque. En otras palabras, si el enemigo logra que luchemos entre nosotros, no seremos capaces de luchar contra él.

Las iglesias y organizaciones cristianas por regla general no son destruidas por una oposición externa. En realidad, el ataque externo usualmente cementa relaciones y une a los creyentes, movilizándolos a la batalla.

Satanás aprendió que la mejor manera de atacar a los grupos de creyentes es trabajar desde el interior. Él se disfraza como ángel de luz o envía a sus mensajeros en el rol de «siervos de la justicia» para crear confusión y desconfianza, y a menudo comienza con uno o dos individuos. Luego, paso a paso, despierta amargura, furia, envidia, es decir, todas las actitudes desagradables que nos aíslan y mantienen nuestra vista apartada del Señor.

Escuché relatos de innumerables historias de grupos de oración y estudio de la Biblia que se destruyeron por estos medios en el momento preciso en que el grupo estaba a punto de dar un gran paso. ¿Cómo puede suceder esto?

En un caso bastante típico que oí, una nueva pareja ingresó a un grupo de estudio de la Biblia y oración conformado desde hacía siete años. Ron y Carla (así los llamaremos) parecían de alguna manera más calificados espiritualmente para el liderazgo que los que ya participaban. En parte esto se debía por su vasto conocimiento de las Escrituras y porque parecían tener una visión especial y dones para proporcionar a la clase de liderazgo y asimismo la dirección que el grupo necesitaba debido a la fuerte transparencia de sus personalidades.

Muy rápido se convirtieron en líderes no oficiales. Ron y Carla mostraban muchas «tarjetas de crédito espirituales», como historias de oraciones respondidas, sueños proféticos, visiones y «palabras directas del Señor» que daban al grupo y que pronto tendrían un impacto poderoso sobre su comunidad.

Sin embargo, los integrantes comenzaron a recibir llamadas y visitas de Carla y Ron. El propósito era siempre el mismo: insinuar muy sutilmente al principio, que ciertos miembros entorpecían el progreso del grupo. Carla y Ron sugirieron que estos miembros no estaban a la misma altura espiritual que el resto porque no aceptaban la agenda que Dios había dado por medio de la pareja. Por lo tanto, estarían mejor sin estos miembros.

Luego de una larga y agonizante lucha, varios integrantes comenzaron a discernir lo que sucedía. Se reunieron, oraron, y enfrentaron a Carla y a Ron con los hechos.

Como era de esperar la pareja contraatacó, y acusó a quienes les hacían frente, de no ser cristianos y no estar en sintonía con el Espíritu Santo. Durante un periodo de varias semanas, el grupo se esforzó por continuar, y por último, decidieron disolverse. Se sembró demasiada desconfianza y varios miembros fueron muy lastimados como para intentar continuar. Ron y Carla se fueron (quizás se unieron a otro grupo de oración) y afirmaron que habían sido víctimas de un ataque demoníaco.

Desafortunadamente, no sabían que tenían razón. Los «mensajeros» de Satanás son también sus víctimas. Los odia tanto como nos odia a nosotros y a su manera ellos quizás sufren más que nosotros mismos.

Número 6: Cuando fallan estas estrategias, Satanás puede recurrir al ataque directo para evitar que usemos nuestra autoridad en su contra.

Esto puede tomar muchas formas, pero los ataques físicos o emocionales orientados hacia nosotros o nuestras familias están entre los más comunes. Fui testigo y experimenté esta clase de batallas tan a menudo que ya casi son una rutina.

Recuerdo una historia que me contó la viuda de un predicador acerca de su esposo, pastor evangelista en Europa del este hace muchos años mientras ella estaba en casa. En cada lugar que predicaba, las personas experimentaban un gran renacimiento. Una noche, justo antes de levantarse para predicar, le entregaron un telegrama que decía: «Regrese a su casa. Su esposa se está muriendo». El predicador, guerrero espiritual con gran experiencia, se dio cuenta de lo que sucedía. Luego de orar por un momento, anunció: «Ese no es Dios. Él no permitiría que mi esposa muriese cuando me envió a predicar aquí. No voy a ir a casa. Ella no va a morir». Él solicitó que oren en nombre de su esposa y continuó con sus reuniones programadas.

Cuando regresó a casa, su esposa gozaba de total recuperación.

Después de contarme esta historia, la viuda sonrió y me dijo: «Él conocía a Dios y sabía lo que él haría. Cuando usted lo conoce de esa manera, tiene libertad para decidir sin temor. Mi esposo sabía que solo Satanás intentaría evitar que predicara el evangelio a las personas que no tenían otra oportunidad de oírlo. Entonces se quedó. No podía dar al diablo esa clase de victoria. Y pudo confiar en Dios a pesar de los ataques».

En cierto sentido, estos deberían animarnos, ya que representan una señal de que el enemigo se quedó sin más opciones perspicaces y está desesperado por detenernos. Ahora, los ataques físicos y emocionales causan frustración, debilidad y dolor y si no los identificamos como tales, pueden provocarnos la pérdida del valor. Por lo tanto, debemos estar en guardia contra ellos.

Percibí que la mayoría de las veces, las enfermedades y heridas que Satanás nos lanza pueden ser consideradas como acoso. Recuerde que él quiere que nosotros suframos porque estima que eso va a causar que demos la espalda a Dios y abandonemos nuestros esfuerzos por él. Sin embargo, cuando el enemigo denota que no puede lograr sus objetivos, normalmente se aleja. De allí la importancia que tiene el perseverar en oración en esta clase de sufrimiento y negar toda rendición a sus amenazas y acosos.

También es cierto que cuando estamos bajo este tipo de ataque emocional y físico, no podemos orar por nosotros mismos. La oración efectiva requiere un foco y eso es lo primero que debemos hacer cuando sentimos dolor. La mayoría de las veces no pensamos más que en nuestro propio sufrimiento y eso es normal. Cuando sucede, es positivo contar con cristianos que oren por nuestras necesidades. Lo primero que hago en una situación similar, es llamar a mis compañeros predilectos de oración y les pido que tomen mi causa. Me consuela imaginar ¡cómo esto debe frustrar al enemigo!

Podríamos decir mucho más acerca de las estrategias del diablo, pero creo que dimos lo suficiente como para tener una imagen clara de la lucha espiritual en la que estamos comprometidos. ¡Sigamos y demos un vistazo a la excitante pregunta final de cómo podemos derrotar a nuestro enemigo!

Capítulo siete

CÓMO PODEMOS DERROTAR AL ENEMIGO

Hace un par de años en una conferencia de oración de *Open Doors*, un viejo amigo me hizo un comentario durante la cena acerca de lo difícil que es presentar el evangelio en un mundo dominado por los poderes del mal. «Sé que debemos tornarnos más polémicos y agresivos», dijo. «Entonces, ¿cómo podemos darle batalla al enemigo en un mundo hostil y que a la vez representa el amor de Cristo?»

Le respondí contándole la historia cuando Corrie ten Boom y yo estábamos en una reunión en Holanda y el grupo discutía el mismo problema.

Por alguna razón nos desviamos del tema hacia una conversación sobre termostatos para calefacción y sistemas de refrigeración. En realidad no era un tema tan extraño, si se considera que Corrie tenía fascinación con todo lo relacionado a lo técnico. Ella era relojera de oficio y le apasionaba lo que tenía movimiento, desde relojes hasta personas y todo lo que se encuentre en medio.

Como siempre sucede, varios en esa habitación parecían conocer algo sobre termostatos, y Corrie estaba interesada en comprender cómo funcionaban. Una vez que satisfizo su curiosidad, dijo: «Díganme, ¿cuál es la diferencia entre un termostato y un termómetro?»

La explicación continuó por varios minutos más hasta que los ojos de Corrie se iluminaron de comprensión y comenzó a asentir con la cabeza. «Sí, veo», dijo. «Un termómetro indica solo cuál es la temperatura. Pero un termostato la cambia». Luego pegó un salto de la silla y exclamó. «¡Andrés, esa es la respuesta a nuestro problema! ¡Tenemos que ser termostatos, no termómetros!»

Corrie dio en el blanco. En un mundo como el nuestro es mucho más fácil ser un termómetro y no un termostato, inclusive para un cristiano. Todos leemos los periódicos o miramos televisión y observamos los sucesos locales e internacionales tales como guerra, revolución, toma de rehenes, crímenes o corrupción de gobierno. Observamos la degradación de los valores morales y espirituales reflejados en todas partes. Inclusive podemos ver lo positivo de las puertas abiertas en Rusia, Europa del este y otras partes del mundo que estuvieron cerradas al evangelio por décadas, la liberación de aquellos que fueron prisioneros por su fe en gulags comunistas y hospitales para enfermos mentales.

Ahora, si día a día en estas condiciones decimos: «es terrible» o «es maravilloso», somos nada más que termómetros. Y Corrie tenía razón. Si pretendemos ganar la guerra contra Satanás, si le vamos a suplicar a Dios que cambie de parecer acerca de lo que él le permite hacer al diablo en este mundo, tenemos que ser algo más que termómetros. Debemos ser termostatos.

Estos últimos representan cambio de situación. No registran simplemente si algo está demasiado frío o caliente; ellos responden a nuestro requerimiento y alteran el medioambiente. Durante el invierno en mi oficina puedo oír un leve sonido en el termostato cuando se enciende, y si lo observo con atención hasta puedo ver una pequeña chispa que hace la conexión. Luego la caldera central se pone en acción y ¡un estruendo!, algo cambia. Todo el mecanismo de mi sistema de calefacción luchará contra el frío porque yo tomé la decisión sobre el calor que debería reinar en mi oficina, y el termostato respondió al cambiar la temperatura.

Como cristianos, esto es lo que tenemos que hacer. Debemos comprender que no fuimos creados para ser simples termómetros para el mundo, sacudiendo nuestras cabezas o gritando cómo se pone caluroso o frío. Cuando nos toca el Espíritu Santo debemos encender nuestras calderas y producir un cambio, porque fuimos creados para responderle con efectividad. Dios depositó en nuestras manos el poder y autoridad para hacerlo.

Jesús invirtió tiempo al enseñar a sus discípulos cómo derrotar a Satanás. También dio un maravilloso ejemplo a todos sus seguidores, porque logró vencerlo en su propio campo de batalla, y al mismo tiempo amar a los habitantes del mundo como nadie más lo hizo. Para hacer uso de la analogía de Corrie, Jesús fue el termostato perfecto. Donde quiera que fuese, él respondía al llamado de su padre y producía cambios drásticos.

La historia de la tentación de Jesús en el desierto (Mateo 4:1-11; Marcos 1:13; Lucas 4:1-13) enseña uno de los principios más importantes referidos a la lucha espiritual. Miremos brevemente el Evangelio de Lucas para visualizar la estrategia que Jesús empleó para derrotar al diablo.

Cuando él se acercó primero a Jesús después de sus cuarenta días de ayuno, le dijo: «Si eres el Hijo de Dios, ordena a estas piedras que se conviertan en pan». Por supuesto, Satanás sabía bien que allí no había condiciones para eso. ¡Jesús estaba allí por lo que él significaba! Él no tenía que probar nada al diablo, de manera que su contraataque fue simple y directo. «Escrito está: No solo de pan vive el hombre...».

Cuando Satanás se le aproximó luego, ofreciéndole el soborno más grande de la historia, Jesús no cambió su estrategia. Retrocedió y usó su arma más poderosa: «Escrito está: Adora al Señor tu Dios y sírvele solamente a él».

Satanás vio que no llegaba a ningún lado con sus criterios de acercamiento. Decidió luchar fuego contra fuego. En su tercer ataque a Jesús hizo referencia a las Escrituras, distorsionándolas para que le sirvan a sus propios y desagradables propósitos (una de sus tácticas favoritas a lo largo de los tiempos y que aun emplea con gran éxito). Esta vez llevó a Jesús a la cima del Templo de Jerusalén. «Si eres el Hijo de Dios, tírate abajo. Porque escrito está: "Ordenará que sus ángeles te sostengan en sus manos, para que no tropieces con piedra alguna"».

¿Puede imaginarlo? ¡Satanás tenía el descaro de atacar la palabra de Dios! Sin embargo, observe que el diablo no citó las Escrituras en forma correcta. Omitió la parte que dice:

«Porque él ordenará que sus ángeles te cuiden en todos tus caminos». (Véase Salmo 91:11), y de este modo falsificó la palabra de Dios. Si Jesús hubiese sucumbido a esta tentación, se hubiera alejado del centro de la voluntad de Dios y de su protección también.

Este constituye un ejemplo asombroso de la arrogancia de Satanás. Jesús le respondió: «Las Escrituras también dicen: "No tientes al Señor tu Dios"». Fue un verdadero duelo entre Jesús y Satanás, y en este caso sus espadas fueron las Escrituras. Satanás pronto se dio cuenta que el agua le llegaba al cuello y partió para lamerse sus heridas.

¿Observa cómo Jesús peleó contra Satanás en la hora de la tentación y usó las Escrituras como arma? La Biblia no menciona todas las tentaciones específicas a las que Jesús estuvo sujeto durante su enfrentamiento con el diablo, pero en otra parte dice que él fue tentado «de la misma manera que nosotros, aunque sin pecado». (Hebreos 4:15). Y de los tres ejemplos dados, es claro que el arma principal de Jesús era la Escritura.

En cada una de las citas del evangelio que consideramos, deberíamos observar que Satanás esperaba que Jesús fuera tentado por el pecado al emplear su poder con egoísmo, para luego alimentarse él mismo de cuarenta días de ayuno, probarse él mismo Hijo de Dios y conseguir poder en el mundo. Pero Satanás subestimó la sabiduría y el amor de Dios, y aun más estimó en demasía su propia inteligencia. (Esto fue siempre la perdición del diablo).

Inclusive en estos tiempos, Satanás emplea la misma táctica. Como vimos en el último capítulo, le gusta tentarnos con poder porque comprende su atractivo mejor que nadie. En el momento que nos convertimos en cristianos y ganamos acceso al poder de Dios a través de nuestra relación, Satanás salta de inmediato y trata de corrompernos tentándonos a usarlo en forma egoísta. Si él puede lograr que pasemos nuestro tiempo de oración haciéndolo por cosas egoístas en vez de interceder para «cambiar la temperatura del mundo» y derrotar sus estrategias, nos neutralizará.

Escrito está: esa fue el arma que eligió usar Jesús en su enfrentamiento con el mal, y resultó poderosa para repeler cada tentación que Satanás ponía en su camino. Jesús sabía que la palabra de Dios era su mejor defensa contra el enemigo. Y es la nuestra también.

Por esta y muchas otras razones, siempre fui un gran defensor de la memorización de las Escrituras y me doy cuenta que por estos días está fuera de moda en muchas iglesias, en especial en el mundo libre donde las Biblias están disponibles para todos. Las personas dicen: «¿Por qué deberíamos emplear tiempo y energía en memorizar cuando en cualquier momento podemos abrir nuestras Biblias y encontrar los versículos que queremos?». Esas personas no saben lo afortunadas que son, y temo que no entienden lo rápido que esos privilegios pueden ser sacados. Tampoco perciben por qué las Escrituras memorizadas le pueden dar a cada uno una ventaja superior en la lucha espiritual. Si los soldados enemigos hubiesen pateado su puerta principal unos minutos antes y alineado a su familia para ser ejecutada, ¿sería de alguna ayuda gritarles, «tengo un arma en el garaje?». No, si un arma va a ser efectiva, debe estar disponible dónde y cuándo usted la necesite.

Nuestra mejor arma contra Satanás son las Escrituras, y si van a ser útiles, no podemos guardarlas en el garaje. Cuando usted las memoriza, las ubica en el arsenal de armas que lleva con usted. Siempre están allí en caso de emergencia. En un ataque sorpresivo, usted tiene a su disposición la palabra potente y viva que tiene toda la autoridad y poder de Dios para repeler los soldados del diablo y darle fuerza para el combate.

Conocí muchas personas que sobrevivieron a situaciones de opresión durante años, simplemente por recordar unos pocos versículos memorizados en la niñez. Otros, no tuvieron más que elementos transmitidos por creyentes que memorizaron las Escrituras. En algunos de los lugares que visité, los cristianos clandestinos arrancaron páginas de una Biblia que alguien consiguió y cada uno se comprometió a memorizar una página antes de intercambiarla con otra persona. A veces las páginas no se pasan o intercambian porque los creyentes consideran que así perderían la única Escritura que tuvieron alguna vez en sus manos y se convierte en el tesoro más preciado para ellos. Cuando entro a un grupo de creyentes como ese, veo que al abrir mi propia Biblia, cada mirada en la sala se fija en el Libro como si fuese una mesa preparada para un banquete frente a personas hambrientas.

En una ciudad de Europa del este, un pastor me dijo que un joven miembro de su iglesia clandestina, después de recibir solo una página de las Escrituras lo detuvo en la calle y le dijo: «Pastor, ¡ahora que tengo mis Escrituras, tengo esperanza!». El pastor le preguntó qué libro de la Biblia estaba representado en la página del hombre joven, y le respondió, «Jeremías». El pastor respondió: «Jeremías no es un libro con mucha esperanza, ¡es bastante deprimente! ¿cómo una página de Jeremías puede darte tal esperanza?» El joven le respondió con gran alegría: «Pastor, en esa página dice que la palabra del Señor vino a Jeremías. Si ella pudo hacerlo con Jeremías, ¡puede venir a mí también!»

Con frecuencia, es entre creyentes como el mencionado donde encuentro la fe más profunda. Quizás solo sepan una página o un versículo de las Escrituras, pero es suficiente para llevarlos al triunfo en medio de los peores sufrimientos que Satanás pueda inventar. Aquellos de nosotros que tenemos todas las Biblias que deseamos, rara vez parecemos apreciar la dinamita que sostenemos en nuestras manos.

En el año 1966 asistí al primer congreso mundial sobre evangelización, una reunión de varios miles de misioneros y evangelistas que se congregaron en Berlín para compartir estrategias modernas para llegar a la humanidad a través del evangelio. Mi recuerdo más vívido fue el momento cuando Raquel Saint, una misionera sudamericana, estaba de pie en el estrado con tres indios Aucas primitivos vestidos con coloridos atuendos de sus pueblos. Ellos eran algunos de los primeros cristianos de su tribu que lucharon para sobrevivir en su hábitat natural, la jungla, y que por casi un siglo fueron consideradas una de las tribus más inalcanzables en Ecuador.

Una persona preguntó a estos indios cristianos si relatarían a la audiencia sus versículos favoritos de las Escrituras. Todos esperaban que ellos recitaran Juan 3:16 o algún otro versículo básico en relación con la salvación, ya que hasta ese momento la mayor parte de la Biblia no había sido traducida a su idioma. Pero los indios tenían una sorpresa para nosotros. Se miraron entre ellos, se consultaron brevemente y luego uno dio un paso adelante proclamando con una gran sonrisa, «¡Diablo, sal, y nunca regreses!». La casa se vino abajo.

Cuando observaba este hecho, recuerdo cómo hasta ese momento la mayoría de los cristianos reunidos en el congreso fallaron al no considerar un aspecto crucial del evangelio al que fuimos llamados a predicar, que resultó ser el más poderoso y que cambió la vida de estos indios luchadores. Jesús llegó al mundo no solo para manifestar el amor de Dios y reconciliación con el padre. También vino a decirnos: «¡Diablo, sal, y nunca más regreses!». Se necesitaron tres cristianos «primitivos» para que el resto de nosotros arribásemos al centro de la cuestión. Desde entonces, en mis propias batallas contra el diablo, a menudo uso la traducción libre de ese versículo (Marcos 9:25).

Siempre me alienta recordar que el apóstol Pablo decía: «Sí, deseábamos visitarlos … pero Satanás nos lo impidió» (1 Tesalonicenses 2:18). En toda guerra hay heridos en ambos frentes, y a pesar que sabemos que estamos del lado victorioso, debemos ser honestos y maduros para reconocer que podríamos en ocasiones perder la batalla. Estamos tan orientados hacia la victoria y el éxito, que estimamos que avergonzamos al Señor si admitimos una derrota.

Nada está más alejado de la verdad. La vida de la iglesia sobre la tierra finalizará como sucedió también con la vida de Jesús, es decir, en una cruz. No habrá una limpieza cristiana victoriosa de toda la suciedad existente en el piso de nuestro mundo. Pero la aparente derrota de Jesús en la cruz fue su mayor victoria, y también la nuestra. Nosotros debemos entender el punto de vista de Dios.

Él tiene la capacidad de transformar nuestras derrotas en victorias a medida que aprendemos de nuestros errores con la sabiduría y visión que nos provee. Alguien dijo: «Lo que no destruye fortalece». Dios toma el larga vistas y nosotros también debemos hacerlo. No obstante Satanás ganar unas pocas batallas en cada una de nuestras vidas, si somos maduros podemos retornar al lugar donde perdimos contacto con la voluntad de Dios, o donde Satanás nos tomó desprevenidos, y pedirle a Dios que nos ayude a empezar de nuevo. Eso no tiene nada de malo. Dios no espera que seamos perfectos; «él conoce nuestra condición; sabe que somos de barro» (Salmo 103:14). En concreto, nuestros inconvenientes y pérdidas pueden enseñarnos cómo ganar batallas grandes e importantes en el futuro.

Hay cinco principios simples que creo deberíamos tener en cuenta a medida que participamos en el combate con el enemigo mediante la oración. Por experiencia propia, estos cinco principios consiguen la victoria en toda lucha espiritual. Recuerde, ganaremos dicha lucha a pesar que algunas veces perdamos un round con el diablo. Los percances y pérdidas no deberían desalentarnos o disuadirnos, porque la victoria final le pertenece a Cristo y, a través de él, a nosotros.

Número 1: Debemos armarnos para la batalla. Este es un principio básico y práctico. La mayoría de nosotros leímos o memorizamos las enseñanzas para la iglesia de Éfeso concerniente a la lucha espiritual:

> *Fortalézcanse con el gran poder del Señor. Pónganse toda la armadura de Dios para que puedan hacer frente a las artimañas del diablo. Porque nuestra lucha no es contra seres humanos, sino contra poderes, contra autoridades, contra potestades que dominan este mundo de tinieblas, contra fuerzas espirituales malignas en las regiones celestiales. Por lo tanto, pónganse toda la armadura de Dios, para que cuando llegue el día malo puedan resistir hasta el fin con firmeza. Manténganse firmes, ceñidos con el cinturón de la verdad, protegidos por la coraza de justicia, y calzados con la disposición de proclamar el evangelio de la paz. Además de todo esto, tomen el escudo de la fe, con el cual pueden apagar todas las flechas encendidas del maligno. Tomen el casco de la salvación y la espada del Espíritu, que es la palabra de Dios. Oren en el Espíritu en todo momento, con peticiones y ruegos. Manténganse alerta y perseveren en oración por todos los santos.*
>
> EFESIOS 6:10-18.

Nada podría ser más directo que esto. Si debo ir a una reunión importante y sé que se viene una tormenta, primero me visto para protegerme de las inclemencias del tiempo, y luego voy. Es solo sentido común. Pablo nos dice aquí que debemos hacer exactamente eso. Se avecina una tormenta, entonces vístase antes de salir. ¡Sino se va a mojar!

La aplicación de las enseñanzas de Pablo en este pasaje implica un salto espiritual desde lo teórico a lo práctico. La armadura debe usarse con un propósito para que resulte efectiva:

Debemos vivir la verdad. Eso significa que debemos hablar con ella, defenderla y si es necesario, estar dispuestos a morir por la verdad como lo hicieron muchos héroes de la fe. Las mentiras no tienen cabida en nuestra vida, porque Satanás es el padre de ellas, es un impostor.

Debemos vivir con justicia. Nuestro Dios es justo y como él habita en nosotros, vamos a reflejar más su carácter. Somos hechos justos a través del sacrifico de Cristo en la cruz, y como miembros de su cuerpo, debemos esforzarnos por vivir acorde a sus mandamientos. Esto significa que tenemos que elegir vivir en corrección a cualquier costo, permitiéndole a Dios que reine en todo lo que hacemos. Inclusive, si todo el mundo parece involucrarse con el mal, debemos comprometernos a ser como balizas de justicia, apoyar a los que hacen el bien y defender lo que es bueno. Como dice la oración «Yo soy el único Jesús que algunas personas verán alguna vez». Por eso debemos permitirle a él que viva su vida en y a través de nosotros de una manera intransigente.

Debemos prepararnos también para proclamar el evangelio de la paz. Ser mensajeros y estar siempre listos para transmitir a otros quién es Cristo. Al compartir el evangelio, la acción de Satanás de aferrarse a la humanidad se rompe y el reino de Dios se fortalece y extiende.

Debemos escudarnos con la fe. Como dice el escritor de los Hebreos: «Ahora bien, la fe es la garantía de lo que se espera, la certeza de lo que no se ve» (Hebreos 11:1).

A través de la fe vemos lo que otros no pueden, ya sea en el reino de Dios o en el de Satanás. Entre otras cosas, esto nos permite protegernos y proteger a otros de los gobernantes invisibles, autoridades y poderes que controlan este mundo oscuro.

Debemos usar el casco que la salvación nos provee. El saber que somos salvos y que vamos a pasar el resto de nuestros días con Jesús puede proteger nuestras mentes de la desesperación y ayudar a construir nuestra resistencia.

Debemos llevar la espada del Señor, es decir, su palabra. Ella constituye el arma más potente, y debe ser nuestra también.

Debemos orar continuamente (véase también 1 Tesalonicenses 5:17). ¿Es esto en realidad posible o práctico? Tal vez no en un sentido literal, aunque considero que el Apóstol dice que nuestra actitud puede ser de constante atención al Espíritu de Dios. «Continúen siempre orando por todos los santos» dice, tal como nuestras madres solían decirnos: «Siempre lleven sus paraguas». No solo debemos llevar uno para cubrirnos, sino también para proteger a nuestros hermanos y hermanas. Estamos todos juntos en esta tormenta.

Podemos orar y escuchar a Dios, así como también podemos adorarlo en cualquier lugar, por ejemplo, mientras cambiamos el pañal del bebé o luchamos contra el tráfico en la autopista, mientras escribimos cartas en nuestras oficinas o caminamos en la playa. No existe un lugar donde no podamos orar si nos comprometemos a hacerlo.

Un buen amigo mío, Geoffrey Bull, quien junto a George Patterson, fue el último misionero que permaneció en el Tibet cuando los comunistas lo tomaron, fue llevado a una horrible prisión por tres años. Sus captores lo torturaron con tal fuerza que hasta lo destrozaron mentalmente y por último no podía ni pensar. Me contó que su mente se paralizó y ni siquiera podía orar con coherencia. Entonces, él le dijo a Dios: «Señor, si de alguna manera puedo ponerme de pie en el centro de mi celda, aceptarás eso como un acto de adoración?» Cada día a partir de entonces y hasta su liberación, Geoffrey trató ponerse de pie en el centro de su celda, silencioso y rendido ante Dios. Esa fue su oración y su adoración.

Si Geoffrey Bull pudo encontrar una manera de orar aun cuando no podía pensar, creo que es seguro decir que la oración es factible en cualquier situación.

De hecho, estoy convencido de que podemos orar inclusive cuando dormimos. Muchas veces me desperté con la profunda conciencia de haber intercedido por alguien. Pienso que no solo es posible sino también probable que el Espíritu Santo pueda movernos a orar mientras nuestra mente está dormida. ¿Quién lo sabe? ¡Quizás estas sean nuestras mejores oraciones!

Número 2: Debemos resistir al diablo y él huirá de nosotros (Santiago 4:7).

El segundo principio es tan obvio que es fácil de olvidar.

¿Qué significa exactamente? Varias referencias ofrecen palabras como sinónimos de resistir: combatir, retar, disputar, ir a duelo, oponerse, repeler, asediar, asaltar, atacar, contradecir, impugnar, batallar, frustrar, desbaratar, entorpecer, y obstruir.

¿Tiene usted la imagen concreta? Resistir al diablo significa mucho más que decir no a la tentación, a pesar que es parte de eso. Es más que pedirle a Dios que lo reprenda, no obstante querer decir también eso. Debemos saber y comprender que por el Calvario, somos poseedores de más autoridad que el arcángel Miguel (Véase Judas 9). Resistir abarca mucho más que decir: «¡Diablo, sal y no vuelvas nunca más!»

Todo lo dicho demuestra que actuamos como termostatos: producimos cambios en una situación determinada al rechazar los ataques del diablo. Seguimos con la ofensiva contra él en cada forma posible, ya sea a través de nuestras oraciones o acciones inspiradas por el Espíritu. Al utilizar la palabra de Dios como nuestra espada y llevar la armadura de Dios, batallamos por la fe con todas nuestras fuerzas. Decimos: «¡Estoy en contra de esto!» cuando nos enfrentamos al mal, y tomamos acción contra la maldad en todas sus formas. Expresamos: «¡Estoy a favor de esto!» cuando mantenemos la justicia. En otras palabras, ***nos negamos a darle al diablo una pulgada de tierra en nuestro mundo sin una pelea***, recordando siempre que las personas no son nuestros enemigos.

En cierta oportunidad, una entrevistadora de la televisión cristiana me preguntó: «¿Andrés, piensas que los comunistas son nuestros peores enemigos o los árabes, o los terroristas, los revolucionarios y los traficantes de droga?». Yo le respondí: «Ellos no son nuestros enemigos».

Ella miró sorprendida y dijo: «¿Pero entonces quién es nuestro enemigo?» Y yo le respondí: «El diablo». ¡Parecía aun más sorprendida! Inclusive alguno de nosotros que estamos en el frente podemos olvidar esta verdad importante. Esto nos conduce a nuestro próximo principio.

Número 3: Debemos aprender cómo orar a favor y en contra de algo.

Con esto quiero significar que podemos romper los poderes del mal y construir la justicia a través de nuestras oraciones. Permítame mostrarle dos ejemplos de mi propia experiencia.

En los últimos años instruí a muchos pastores en Europa del este. Una de las cosas que realizo es llevarlos hasta la cima de un cerro o una montaña desde donde puedan ver sus ciudades y oramos por ellas, por todos los habitantes, y por los que aman a Dios y viven según sus mandamientos. Los bendecimos y nombramos a aquellos que sabemos ayudan a la iglesia que sufre y clamamos por los que no conocemos y sirven a los propósitos de Dios en silencio. Luego, oramos contra los poderes malignos que mantienen a la ciudad esclavizada.

Llevé conmigo a un viejo amigo llamado Stefanoff hasta la parte alta de la ciudad de Plovdiv, Bulgaria, una urbe que no tenía iglesia. Miramos desde esa posición de ventaja y oramos contra la opresión que mantenía a esa ciudad esclavizada, contra los poderes de la oscuridad, el ateísmo, la persecución y la tiranía. «Atamos al hombre fuerte» como dijo Jesús que debíamos hacer en Mateo 12:29, al ordenar a los espíritus malignos y demonios que se fueran. Luego clamamos por las almas de todas las personas y por el establecimiento de una iglesia.

Nuestros siete años de oración por la Unión de las Repúblicas Socialistas Soviética fue otro ejemplo de pedir a favor y en contra. Solo *Open Doors* tenía tres cadenas de oración durante los trescientos sesenta y cinco días del año, haciéndolo día y noche. Más de mil personas en cada cadena oraban como mínimo diez minutos diarios por la liberación del nuevo líder en la Unión Soviética, por la apertura de puertas a los prisioneros, por oportunidades para llevar Biblias a las personas y por el fortalecimiento de los creyentes. También clamábamos contra el ateísmo, las fuerzas opresoras y pedíamos a Dios que quitase el poder a aquellos que eran enemigos de la Iglesia. ¡Y Dios respondió!

Creo que esta clase de oración «a favor y en contra» puede ser una estrategia muy efectiva en la lucha espiritual. No la guardo para situaciones especiales; la uso todos los días. Cuando conduzco o camino y veo a alguien detenido en un semáforo o esperando en el cordón de la vereda a mi lado, lo bendigo. Deberíamos hacerlo con todos los que cumplen la ley. Si no tengo ningún contacto personal con otros, también los bendigo. Cuando estoy en un avión me gusta tomar el asiento situado al lado de la ventanilla porque puedo mirar las ciudades, granjas y autopistas desde arriba y bendecir a todas aquellas personas que cumplen la ley. Lo hago en casi todo momento imaginable. Y cuando bendigo a alguien, es bendito. Lo creo porque es una enseñanza de las Escrituras.

Al mismo tiempo, hay ciertas circunstancias, y esta es un área muy delicada, que orar en contra puede involucrar una clase de clamor que la mayoría de nosotros ni siquiera consideró. Me refiero a las situaciones extrañas en las que podemos orar por la muerte de aquellas personas que vendieron su alma a Satanás.

Esto es extremo y hasta aterrador. Y a la luz de lo que dije acerca de las personas que no son enemigas nuestras, parecería verse como si yo fuese inconstante, por no decir nada cariñoso. No creo que esto sea verdad. Deberíamos tener esperanza de que las personas que están comprometidas al servicio activo del diablo van a tener una oportunidad de arrepentirse. Si son tan difíciles de cambiar, creo que podemos pedirle a Dios que cambie de parecer y les permita vivir.

Hay excepciones a la mayoría de las reglas, incluyendo las de Dios. Su premisa es el amor, mas aquí encontramos algo único: él no ama a Satanás o a sus sirvientes demoníacos, ni tampoco ama el mal que perpetúa a través de aquellos que son sus esclavos y nosotros no deberíamos hacerlo (Salmo 97:10; Amós 5:15; Romanos 12:9). Desde luego que no debemos orar por el fallecimiento de alguien sin antes estar seguros de la voluntad de Dios, pero hay momentos donde considero que esta clase de oración está garantizada.

En este sentido, es necesario reconocer que hay personas en nuestro mundo que están controladas por Satanás y que mientras vivan solo harán el mal. Podría citar como ejemplos a Hitler y Stalin ya que estudié sus vidas en profundidad. (Mi pasatiempo es leer biografías y tengo cientos de ellas en mi biblioteca). Sin dudarlo puedo decir que ambos se vendieron cien por ciento al diablo y voy a ir más allá inclusive, al decir que todos los que oraron por ellos perdieron su aliento.

Reconozco que esto suena espeluznante porque hablamos de situaciones drásticas, sobre oraciones de vida y muerte y acerca de las almas que no pueden ser redimidas. Estoy persuadido que no hay nada en las Escrituras que nos dé un mínimo indicio que hombres como Stalin o Hitler fuesen redimibles. Al respecto ellas son muy claras al decir que hombres como estos deberían morir, porque contaminan y profanan la tierra con su violencia y derramamiento de sangre, causando solo angustia y sufrimiento a la humanidad. (Números 35:31-33).

De manera que, al advertirles que debemos ser cuidadosos en estas cuestiones porque no queremos tratar de manipular a Dios por propósitos egoístas, creo que existen momentos cuando podemos pedirle que haga algo más que sacar a ciertas personas de sus posiciones de poder. Tenemos la posibilidad de orar por las muertes de aquellos que son asesinos sin remordimiento, personas irredimibles o acosadores de inocentes. Yo incluiría en este grupo, por ejemplo, a los asesinos de niños, líderes de carteles de droga y redes de pornografía infantil, como así también a asesinos que reconocen descaradamente que veneran a Satanás y cumplen su pedido. Esas personas solo viven para destruir, y no es la voluntad de Dios lo que ellos deberían cumplir.

Quizás recuerde la vieja historia acerca de los miembros de la iglesia que pedían a Dios que les mostrara cómo deshacerse de las telas de araña que cubrían las ventanas más altas del santuario. La iglesia estaba obligada a que regularmente se contratara un equipo de limpieza con elementos especiales para limpiar estas, un gasto que la iglesia no podía afrontar.

Luego de varias semanas de oración de orientación intermitente, uno de los miembros más ancianos llegó al corazón del problema al orar: «¡Señor, mata las arañas!». Existen momentos cuando tenemos el derecho y la responsabilidad de hacer lo mismo.

Podemos orar en contra de los sistemas. Estos son los imperios del mal organizado que debemos aprender a derrotar a través de la oración, porque al tolerarlos, les permitimos que nos corrompan. Debemos luchar contra ellos de toda manera posible. Incluiría en esta categoría a los sistemas satánicos diversos como el comunismo, el islamismo y todos los otros males, cultos perversos y religiones que practican el ocultismo que causan estragos, destrucción y terrorismo en cualquier lugar que puedan introducirse.

¿Cómo oramos en contra de esos sistemas? Podemos expresar nuestra oposición de diferentes maneras. Como sugerí en la sección sobre cómo resistir al diablo, podemos decir: «¡Estoy en contra de esto!» cada vez que tenemos una oportunidad no solo en la oración, sino también en público. Esto nos causará una indignación sagrada. Podemos tener la valentía de ponernos de pie y decir: «¡Esto no es correcto, no lo aceptaré!» y luego salir y hacer algo al respecto.

También podemos sujetarnos a esos sistemas por la autoridad de Jesucristo. Recuerde a Mateo 18:18: «Les aseguro que todo lo que ustedes aten en la tierra quedará atado en el cielo, y todo lo que desaten en la tierra quedará desatado en el cielo». ¿Cómo nos atamos a un sistema maligno? Podemos decir: «Me ato a este sistema maligno (o poder demoníaco) en nombre de Jesús». Encontrará esta declaración muy efectiva en la mayoría de las circunstancias. También hay excepciones: Jesús dijo que existen algunos espíritus malignos tan poderosos que pueden ser atados o sacados solo al combinar el ayuno con la oración. Esta es una de esas situaciones a la que hicimos referencia donde el ayuno puede ser ordenado por Dios. Podemos pedirle al Espíritu Santo que nos ayude a discernir tales circunstancias , y él lo hará.

De una u otra forma, como cristianos tenemos la responsabilidad de expresar nuestra oposición a Satanás. Si no lo hacemos permitimos que su poder aumente. Creo que fue un patriota norteamericano que dijo: «Todo lo necesario que hace el mal para triunfar es porque los buenos hombres no hacen nada». Debemos hacer algo para combatir estos sistemas opresivos y destructivos; Dios cuenta con nosotros. Su Espíritu nos revelará las formas específicas para orar en contra de ellas en cada situación si buscamos su consejo.

Nuestra efectividad al orar a favor o en contra depende de lo mucho que conocemos a Dios y sus deseos para con nuestra vida. No le recomendaría a un cristiano que acuda a esta clase de oración sin una previa preparación y un estudio de la palabra de Dios. Es terreno peligroso, un territorio que es asimismo desafiante y excitante. Es en esos campos de batalla donde debemos observar a Dios levantar al mundo de su eje en respuesta a nuestras oraciones. Esta es la emoción mas grande del mundo. Si existe otra, no sé cuál es.

Número 4: El cuarto principio que nos ayudará a derrotar al enemigo es entregarnos por completo a Cristo y estar dispuestos a vivir su vida.

Como dijo Pablo: «Es más, todo lo considero pérdida por razón del incomparable valor de conocer a Cristo Jesús, mi Señor ... experimentar el poder que se manifestó en su resurrección, participar en sus sufrimientos y llegar a ser semejante a él en su muerte». (Filipenses 3:8,10).

Este versículo de las Escrituras es tan profundo que casi dudo en utilizarlo en este capítulo donde no tenemos el espacio suficiente para tratarlo en profundidad. No puedo evitar mencionarlo porque es vital y al concluirlo en nuestra discusión sobre la lucha espiritual, es que pensamos y oramos acerca de si estamos preparados para vivir la clase de vida comprometida que Jesús dijo que debemos llevar y es Pablo quien en este pasaje nos alienta a hacerlo.

Es fácil leer esas palabras y emocionarse. ¿Acaso comprendemos lo que este tipo de compromiso total con Dios puede costarnos en términos de nuestro diario existir? Muy a menudo, temo que confundimos aspiración con logro. Estimamos que cumplimos el mandamiento máximo cuando decimos con los ojos llenos de lágrimas: «Soy tuyo, Señor, de corazón y alma». Entonces, cuando él toma la palabra y pide que abandonemos nuestra comodidad y hagamos algo que interfiera con nuestros propios planes, murmuramos y nos quejamos. «¡Bien!» decimos con indignación. «¡No pensaba que pediría tanto! ¿Por qué no lo puede hacer otra persona?»

Entonces, con toda sinceridad preguntémonos: ¿Hasta dónde estamos dispuestos a ir? ¿Cuánto de nuestro confort, placer y «seguridad» vamos a sacrificar, si es necesario, para que otros puedan vivir? ¿Cuánta oposición somos capaces de enfrentar? Podemos cantar que dejamos «todo sobre el altar», pero ¿Acaso nos preparamos para abandonar nuestros bienes, profesiones o planes para un retiro tranquilo y confortable? ¿Estamos en condiciones de ir dónde Dios nos envíe, inclusive a lugares donde podríamos ser tomados prisioneros, torturados o asesinados por compartir el evangelio?

¿Estamos preparados para enfrentar la desaprobación o el ridículo de vecinos, colegas, familias u otros cristianos cuando mantenemos con valentía nuestra posición ante Dios? ¿Cuándo fue la última vez que enfrentó la clase de persecución de la que habló mi amigo Karl que «todos los que vivan vidas devotas deben enfrentar»? ¿Y si nunca lo hicimos, nos preguntamos por qué? ¿O estamos dispuestos a entregarnos a Dios solo hasta el punto que él nos conceda nuestros deseos egoístas y no nos pida nada demasiado difícil a cambio?

Estoy convencido de que debemos afrontar estas preguntas si vamos a luchar contra Satanás con efectividad y pedirle a Dios que cambie de parecer sobre lo que le permite hacer a él. El diablo conoce nuestras fortalezas, debilidades e hipocresías. El escucha los alardes piadosos como este: «Estamos preparados para dar el cien por ciento al Señor», y observa con regocijo cuando nos quejamos de lo poco que nos disponemos a desprender por los necesitados. Él ve el escaso tiempo que invertimos por otros al interceder con fe y obedecer a Cristo para llevar el evangelio a nuestro mundo moribundo. Se deleita cuando cerramos nuestros oídos a los gritos de la iglesia que sufre y se ríe cuando observa lo fácil que racionalizamos nuestros pecados favoritos al adorar los ídolos sagrados de la cristiandad pre moderna como la prosperidad, éxito, fama y poder.

No me malinterprete: No debemos ser corrompidos por estas cosas. Podemos usar la riqueza para promover la obra de Dios. La fama y el poder pueden utilizarse para fines buenos y no egoístas. Pero la triste verdad es que el noventa y nueve por ciento de las veces, los cristianos no usan el éxito o el poder que Dios les da, sino principalmente para beneficio propio. Simplemente no son capaces de actuar con responsabilidad.

Lo comprobé cientos de veces: un cristiano pide por «prosperidad, poder o fama para tener un impacto real ante el Señor» e ignora por conveniencia 1 Corintios 1:27, que manifiesta que Dios elige las cosas débiles e insensatas de la tierra para confundir al poderoso. Luego que él (o ella) malgasta todo su tiempo y energía en construir su imperio, a menudo perdiendo todo lo demás en el proceso, no puede entregar lo que ganó. «La porción de Dios» se hace cada vez más pequeña, hasta que por último él obtiene poco o nada y una vida fructífera termina desperdiciada. ¡Qué triste e innecesaria victoria para el diablo!

La verdad es que los cristianos podemos ser tan reacios como los paganos en abandonar cualquiera de nuestros ídolos. Llegamos a imaginar que Dios nos va a consentir como niños malcriados y que quizás nos permita mantenerlos si los limpiamos un poco y que podría inclusive bendecirlos si los espiritualizamos lo suficiente. Entonces, vestimos a nuestros ídolos con bonitos atuendos cristianos e invitamos a Dios para que les dé su sello de aprobación. Quizás hasta pretendemos, como lo hizo Aarón con Moisés, que por milagro ellos fueron creados por Dios. No hay límites para nuestra propia decepción.

Sin dudas, esta no es la voluntad de Dios. Él nos pide que demos la espalda a nuestros ídolos, escasas bondades y egoísmos para que podamos descubrir lo que significa vivir según su voluntad. El Señor tiene planes emocionantes, y quiere que nos involucremos en ellos. Él tiene batallas para librar por nosotros, montañas por escalar, proezas para que nosotros realicemos, y él espera que hagamos lo que él nos pide: «Síganme» (Mateo 4:19, 8:22, 9:9, Marcos 2:14, 10:21; Lucas 5:27, 9:23; Juan 1:43, 21:19, 21:22). Esto nos lleva a nuestro quinto y último principio para un combate exitoso con el enemigo.

Número 5: Debemos oponernos al poder de Satanás con la autoridad y el amor de Dios (Lucas 10:19).

Al recordar que luchamos no contra carne y sangre, sino contra Satanás y sus fuerzas del mal, debemos hacer lo propio con otros en el sentido de que cada persona sobre este planeta es objeto del amor de Dios. Nuestra tarea es la misma que hablamos al comienzo de este capítulo: compartir el amor de Dios con las personas que son rehenes de Satanás en un mundo que está bajo su control.

Es una actividad que no podemos esperar llevar a cabo con nuestro propio poder o autoridad. Dios debe autorizarnos y otorgarnos los poderes en cada paso a lo largo del camino. Es por eso que tenemos que ser verdaderos termostatos, sensibles y receptivos al toque bondadoso del Espíritu Santo. Si no poseemos esta clase de sensibilidad, las armas de nuestra guerra pueden causar más daño que bien a la causa de Cristo. Cuando por iniciativa propia disparamos al diablo ciegamente, podemos encontrar que las balas que usamos son proyectiles que hieren a transeúntes inocentes en vez de destruir nuestro objetivo. ¡No existen más soldados solitarios en el ejército de Dios! Nosotros los necesitamos y también los otros miembros de su cuerpo para ayudarnos a luchar con efectividad.

El escritor de los Hebreos lo dice de manera maravillosa:

> *Por tanto, también nosotros, que estamos rodeados de una multitud tan grande de testigos, despojémonos del lastre que nos estorba, en especial del pecado que nos asedia, y corramos con perseverancia la carrera que tenemos por delante. Fijemos la mirada en Jesús, el iniciador y perfeccionador de nuestra fe, quien por el gozo que le esperaba, soportó la cruz, menospreciando la vergüenza que ella significaba, y ahora está sentado a la derecha del trono de Dios. Así, pues, consideren a aquel que perseveró frente a tanta oposición por parte de los pecadores, para que no se cansen ni pierdan el ánimo.*
>
> Hebreos 12:1-3

Por supuesto que ese es el secreto final y más poderoso de cómo podemos hacer para darle batalla al enemigo y representar solo el amor de Cristo. Cuando fijamos nuestra mirada en Jesús y quitamos de nuestra vida aquello que nos pesa, descubrimos que todas las cosas son posibles a través de él. Como diría Corrie si ella estuviese aquí ahora, así es como nos convertimos en termostatos de Dios, sus agentes de cambio, en un mundo donde la temperatura llega al punto de ebullición.

Capítulo ocho

¿QUÉ DEBERÍAMOS PEDIRLE A DIOS QUE HAGA HOY?

Hace algunos años una entrevistadora me formuló una pregunta familiar, hipotética y provocativa: ¿Si supiese que tiene solo 24 horas de vida, cómo pasaría su último día sobre esta tierra? La pregunta, seria y buena a la vez, me hizo sonreír porque me recordó al hombre que dijo: «Si vives cada día como si fuese el último, ¡algún día estarás bien!»

Estimo que los cristianos deberíamos hacernos a menudo este tipo de interrogante.

¿Cómo organizaríamos o reorganizaríamos nuestras prioridades si tuviésemos que comprimir todo lo importante en solo un día? ¿Qué haríamos? ¿Dónde iríamos? ¿Con quién quisiéramos pasar esas últimas horas preciosas?

Y si vamos a lo que importa en verdad, ¿cómo oraríamos?, ¿qué le pediríamos a Dios que hiciese, no solo por nosotros, sino por todos nuestros seres queridos y por el mundo que continuaría sin nuestra presencia?, ¿por qué cosas le pediría que cambie de parecer?

Creo que preguntas como estas son un buen punto de partida para decidir cómo deberíamos orar en estos últimos días previos al regreso de Cristo. No significa que debamos vivir enteramente por ese momento, porque eso limitaría nuestra visión y nuestras oraciones. Pero hay una gran verdad en el versículo que dice: «Les digo que este es el momento propicio de Dios; ¡hoy es el día de salvación!» (2 Corintios 6:2).

Una de los aspectos más hermosos de la oración es la manera que ella trasciende los límites de tiempo y distancia. Podemos orar ahora, pero el efecto dominó que causan las peticiones de este día pueden continuar más y más. Nuestras oraciones pueden ser inmortales y en cierto modo apenas podemos imaginar llegar más allá de la tumba para cambiar vidas y sucesos del futuro.

Lo sepamos o no, muchos de nosotros somos los beneficiarios de las oraciones de personas que dejaron esta tierra mucho antes que nosotros naciéramos. Y es seguro decir que la historia es cambiada cada día, en cualquier sitio del mundo, como resultado directo de la intercesión fiel de aquellos que murieron sin ver respondidas sus oraciones. Como los héroes de la fe en el libro de los Hebreos: «Aunque todos obtuvieron un testimonio favorable mediante la fe, ninguno de ellos vio el cumplimiento de la promesa. Esto sucedió para que ellos no llegaran a la meta sin nosotros, pues Dios nos había preparado algo mejor» (Hebreos 11:39-40).

Un amigo norteamericano que creció en una familia de agnósticos me contó acerca de su abuela cristiana, que nunca conoció porque murió unos pocos meses antes de su nacimiento. Mi amigo llegó a Cristo como cualquier hombre joven sin haber oído predicar el evangelio o conocer un solo cristiano, sino simplemente por leer una Biblia que encontró en la escuela. Años más tarde, luego de participar en el ministerio público, recibió una carta de una mujer que conoció a su abuela y oró con ella durante muchos años antes de su muerte. La mujer escribió: «Cuando tu abuela se dio cuenta que no viviría para verte, me pidió que la ayudase a orar por tu salvación». Luego de unos quince años después de la muerte de su abuela, aquellas oraciones fueron respondidas.

Desde entonces, el efecto dominó continuó cuando otros miembros de la familia conocieron al Señor. Sin dudas esto seguirá también en las generaciones futuras porque mucho después que mi amigo deje el mundo atrás, sus propias oraciones pasarán a las futuras generaciones, tal como lo hace todavía su abuela y siempre lo hará.

Es algo fabuloso para considerar. No existen límites para la efectividad de nuestras oraciones. Si queremos dejar nuestro sello indeleble en este mundo, no hay una manera más poderosa de hacerlo que involucrarse en los propósitos de Dios a través de la oración. Nuestro clamor puede llegar hasta donde nosotros no podemos (a pesar que no son un sustituto de ir si podemos). No existen fronteras, ni muros de prisiones o puertas que se nos cierran cuando oramos. Los líderes políticos, económicos, militares y espirituales del mundo quizás no sepan nuestros nombres, pero podemos tener más influencia en sus planes que todos sus consejeros más cercanos. Mientras muchas cosas pueden ser imposibles desde un punto de vista humano, en el reino de la oración las imposibilidades no tienen cabida. Y, quizás los más asombroso de todo es que a través de la oración podemos llegar al futuro y con manos bondadosas tocar aquellas que están fuera de nuestro alcance, tal como pudo hacerlo la abuela de mi amigo.

¿Cómo oraría si hoy fuese su último día sobre la tierra? Es una pregunta que vale la pena responder, porque puede ayudar a establecer prioridades claras de oración. En el proceso de selección y categorización, podemos lograr una mejor comprensión de lo que más le importa a Dios como así también a nosotros. Entonces estamos listos para hacer cambios positivos y deliberados que mejorarán en gran medida la calidad de nuestras oraciones.

¿Qué *deberíamos* pedirle a Dios que haga hoy? Si respondiera sin pensarlo mucho diría, «Deberíamos preguntarnos las mismas cosas que los apóstoles y profetas se preguntaron». Pero esa no es una buena respuesta, o al menos no está completa, porque Dios ama hacer cosas nuevas. Después de todo, él es el Dios de la creación, el Dios del «camino nuevo y vivo» (Hebreos 10:20). Inclusive cuando él elige hacer lo mismo una y otra vez como salvar las almas de los hombres, curarlos y llamarlos al ministerio, se deleita al encontrar diferentes formas de realizarlas. ¿Alguna vez escucharon sobre dos personas que tomaran exactamente el mismo camino hacia Cristo? Ni siquiera dos copos de nieve o las huellas dactilares son iguales. Así también dos actos de nuestro Dios creativo no son iguales.

Todos tenemos ideas acerca de cómo Dios va a trabajar porque imaginamos que es así como lo hizo en los tiempos de Moisés o Josué o Pablo o durante Pentecostés. Dios es original. En el momento que decimos, «vamos a repartir pañuelos y las personas serán curadas al tocarlos porque así fue como lo hicieron los apóstoles», tenemos una sorpresa en camino: ¡Dios hará algo completamente diferente! Él no quiere que hagamos un ritual con las experiencias pasadas; ansía revelarse a nuestra vida al hacer algo hoy que nunca antes hizo.

A menudo no podemos aceptar eso porque tememos que signifique no poder contar con Dios para hacer lo que deseamos a nuestra manera. Nos olvidamos que mientras el carácter de Dios y los principios son iguales, todo lo demás sobre él es «nuevo cada mañana» (Lamentaciones 3:23) y su plan es «hacer todo nuevo» (Apocalipsis 21:5).

Esto debería provocarnos una gran sensación de aventura acerca de la vida. Si pudiésemos predecir todo lo que Dios haría mañana, no tendríamos ni siquiera la necesidad de salir de la cama. Pero el hecho de sorprendernos en reserva cada día debiera ser motivo suficiente para hacernos despertar cada mañana con una sensación nueva de asombro y curiosidad intensa de lo que nos deparará la jornada. ¿A dónde me llevará Dios? ¿Qué me pedirá que haga? ¿Por quién me pedirá que ore? ¿Cómo responderá?

Observe que si nos detenemos a preguntar solo por aquellas cosas que Dios hizo en el pasado, o por las que podemos imaginar, en realidad limitaríamos a Dios y perderíamos algunas grandes sorpresas y bendiciones. Entonces quiero pedirle a Dios que me muestre las posibilidades que nunca se me presentaron, cosas que nunca nadie antes me enseñó solicitarle. Quiero mantener las puertas abiertas a él para hacer lo que: «Ningún ojo ha visto, ningún oído ha escuchado, ninguna mente humana ha concebido» (1 Corintios 2:9; véase también Isaías 64:4).

Estimo que eso es así porque la mayoría de mis oraciones son por grandes cosas y no por pequeñas. ¿Por qué deberíamos pensar en lo diminuto? Si el Presidente de los Estados Unidos lo invitara a la Casa Blanca y prometiera concederle cualquier solicitud que usted hiciese, ¿usaría esta oportunidad única para pedirle una tostadora nueva o comenzaría a pensar en términos mayores?

Todos somos culpables de subestimar a Dios. Si realmente lo conociéramos como desea, si comprendiéramos el potencial de nuestras oraciones, estaríamos de rodillas cien veces por día pidiéndole por las cosas que pusieran el mundo al revés. No perderíamos tiempo suplicando por tostadoras nuevas cuando Dios dice: «Lo que pidan en mi nombre, yo lo haré» (Juan 14:14).

Somos como los invitados a una boda que se pelean por un trozo pequeño de pastel. Caímos en el mal hábito de pensar en pequeño al creer que significa señal de humildad. En realidad lo opuesto es correcto: si somos en verdad humildes, veremos la incomparable grandeza y omnipotencia de Dios y le pediremos que nos eleve hasta el punto donde sus prioridades se convierten en nuestras.

Entonces así podemos comenzar a participar en la ejecución de su voluntad pidiéndole por cosas que tengan una consecuencia real.

¿De cuáles hablo? Hay un número de cosas que pido a favor y en contra en todas mis oraciones de intercesión. Parte de la lucha espiritual es una resistencia activa contra las fuerzas hostiles, también llamadas «naturales» que Satanás puede usar para destruirnos o para frustrar los planes de Dios para nuestro mundo. A menudo Jesús oró contra estas fuerzas. Pienso en el momento que calmó la tormenta en el mar de Galilea (el cual creo que fue un intento demoníaco para matarlo) y cuando reprendió la fiebre que tenía la suegra de Pedro. (Véase Lucas 8:24; Marcos 1:31).

Estoy convencido que muchos sucesos que llamamos «desastres naturales» son en realidad ataques satánicos. Las tormentas, terremotos, inundaciones, incendios forestales, todos podrían ser (pero no lo son siempre) intentos del diablo para abortar un determinado proyecto o una persona de valor en el reino de Dios. Debemos estar preparados para orar contra las fuerzas del mal cuando esos desastres ocurren. De hecho, creo que muchos de nosotros nos comprometimos en esta clase de guerra espiritual incluso cuando no fuimos conscientes de lo que hacíamos. Por ejemplo, pienso en las madres que oran al lado de la cama de sus hijos cuando tienen mucha fiebre. Quizás no sean conscientes de la guerra en la que están involucradas, pero sí saben que no están a favor de lo que sucede ante sus ojos, de manera que levantan todo tipo de resistencia. Oran en contra de la fiebre sin comprender en realidad que lo hacen al pedir por la recuperación de sus hijos.

Cuando conocemos de esta clase de guerra tenemos la capacidad de elegir las mejores armas para pelear contra las llamadas calamidades naturales que Satanás puede utilizar en sus intentos constantes para evitar que cumplamos con la voluntad de Dios.

Por ejemplo, en una ocasión cuando predicaba en Sudáfrica, se levantó de repente una tormenta. Estábamos en un edificio con un gran techo de lata, lo que significaba no estar aislados del ruido exterior. Fue la tormenta más terrible que experimenté, donde los árboles se caían contra el suelo y el techo temblaba porque el viento parecía alcanzar la categoría de huracán. Nadie podía oír nada de lo que decía, entonces me detuve, oré y reprendí la tormenta. Al poco tiempo el viento se detuvo y continuamos con nuestra reunión.

Incidentes como este son comunes para mí y me enseñaron a usar las armas que Dios dejó a nuestra disposición. No dudo en orar contra las fuerzas que puedan impedirme obedecer a Dios, y usted tampoco debería dudar. Las armas de nuestra guerra no están reservadas para los gigantes de la fe que luchan por las naciones de la tierra. Nos han sido dadas a todos.

Como es lógico, existirán áreas especiales en las que el Espíritu Santo lo guiará a orar por ellas, y querrá poner un énfasis extra. Dios parece dar a cada cristiano que toma seriamente la intercesión, unas pocas y únicas «cargas» de oración, un término pobre cuando en realidad es un regalo que emplearemos de todas maneras porque la mayoría de nosotros tiene conocimiento sobre eso. Una carga es algo que nos motiva a orar sin cesar, una parte de la historia del Espíritu de Dios que nos invita a influenciar a través de nuestro clamor.

Si pensamos en nosotros mismos como termostatos, podríamos decir que cuando el toque de Dios nos mueve a cambiar la temperatura en una habitación determinada, hemos recibido una carga. Puede ser para una sola persona o toda una nación, una causa o un movimiento, un malestar social como el materialismo o un problema localizado como las actividades de una banda violenta en nuestro propio vecindario. Le pedimos al Espíritu de Dios que nos muestre con exactitud por qué orar más allá de las cosas obvias y grandes por las que cada cristiano debería clamar. Él siempre lo hará. Dios se deleita cuando le pedimos que se involucre en lo que hacemos.

Existe una diferencia clara entre la intercesión y otra clase de oraciones, como las que hacemos por nuestras propias preocupaciones, necesidades y crecimiento, y las «oraciones telegramas», esas que son instantáneas y urgentes cuando hay una emergencia que solo se orientan sobre una amenaza inmediata o un problema. Por ejemplo, si al caminar por las calles de Beirut, las balas comienzan a pasar sobre mi cabeza, ¡no empiezo a orar por las personas de Beijing!

A través de la intercesión nos involucramos en los más grandes propósitos de Dios a largo plazo en nuestro mundo, y también nos centramos en una oración específica por tan solo una persona, suceso o cambio que hará la diferencia en una situación determinada. Nos unimos al cuerpo de Cristo en todo el mundo y de manera unánime y dinámica oramos por aquellas cosas que van a progresar en el reino de Dios y derrotar a sus enemigos, y le pedimos a él que se involucre en nuestro accionar.

USAR LA ORACIÓN DEL SEÑOR

De hecho, podemos orar como Jesús nos enseñó a través de la oración del Señor. Creo que todos los cristianos se beneficiarían tomándola como patrón, y no solo como algo que memorizamos y recitamos. Jesús nunca tuvo la intención que hagamos eso. «Oren así», dijo y no «Reciten esta oración». En Efesios 3 podemos leer la versión de Pablo acerca de la misma realizada con varios elementos similares (Efesios 3:14-21). Creo que es así como Jesús proponía que tomen su oración. Si la utilizamos como nuestra guía para intercesión (Mateo 6:9-13), podremos movernos de lo general a lo específico de manera muy práctica.

Realicemos un análisis exhaustivo de la oración del Señor como forma de organización y precisión de nuestras oraciones.

Al comenzar con la frase «Padre nuestro», podemos orar por todas las personas que conocemos lo llaman Padre. Algunas veces di inicio clamando «Padre nuestro» y continué por el lapso de dos horas sin arribar más allá de todas las necesidades de las personas que conozco. Pienso y me identifico con cada una de ellas. Recuerdo cada iglesia y las personas dentro de las mismas y cuando oro por ellos, nos convertimos uno en parte del otro, es decir, una familia verdadera.

Luego, cuando clamo por todos aquellos que conozco en la Iglesia que sufre, el mundo se vuelve más pequeño. Percibo su dolor, lucho con sus problemas y mis oraciones llegan a ser intensas, protectoras y apasionadas. Las personas que forman parte de la Iglesia que sufre se constituyen en mi carga especial, y la mayoría de mis intercesiones las hago por ellos. Aprendí de los gulags y prisiones, visité iglesias clandestinas, dormí en hogares bombardeados, vi cuerpos muertos, bebés mutilados hambre y angustia.

Puedo orar: «Padre, tú eres su padre y el mío también. Muéstrame cómo puedo hacer mucho más por estos niños tuyos que tanto sufren. Enséñame cómo despertar a la Iglesia que padece para que todos nosotros podamos obedecer tu mandamiento de cuidar a nuestros hermanos y hermanas que se encuentran aislados, abusados y atormentados».

Una vez que comienzo a orar de esta manera, mis ruegos son cada vez más específicos y precisos. Y más efectivos, creo. Todo esto se incluye cuando comenzamos a orar: «Padre nuestro».

De esta forma podemos continuar con la oración del Señor con una frase por vez. Cuando pronunciamos cada una de ellas estamos en condiciones de preguntarle a Dios: ¿Qué quiere decir esto? ¿Qué significa cuando le oramos «en el cielo» y decimos: «Santificado sea tu nombre?»

Decimos también, «venga a nosotros tu Reino», y a menudo no comprendemos que es una declaración muy profunda. Eso incluye la oración para cambiar todo lo que es imperfecto, enfermizo, mutilado y pecaminoso. Podemos orar sobre la base de que esta persona, situación, país, tribu, iglesia o gobierno debería ser cambiado y alineado con los principios del reino de Dios, que son principios de justicia, rectitud, sensatez de cuerpo y alma y, por sobre todas las cosas, de amor.

También incluye la oración por los diferentes elementos del Reino tales como educación cristiana, protección de las libertades dadas por Dios, cuidado de los inocentes, apertura de fronteras para que las Biblias y misioneros cristianos puedan llegar a las personas en cada rincón oscuro del mundo. Y asimismo por los vientos de cambio que soplan en las naciones controladas todavía por el comunismo.

Eso fue lo que nuestros compañeros de oración de *Open Doors* comenzaron a orar el 14 de Diciembre de 1989, tres días antes del levantamiento rumano que derrocó al gobierno de Ceaucescu. El fax sobre nuestra oración semanal de esa fecha decía: «Oren por la difícil situación de los cristianos en Rumania y para que los vientos de cambio en este país comiencen a soplar». Ese mismo día, les pedimos a nuestros compañeros que clamen «por la liberación de los pocos y últimos prisioneros» en la Unión Soviética.

Dios respondió ambas oraciones y estoy seguro que eran también las realizadas por miles de cristianos en todo el mundo. Y de la noche a la mañana de manera que ninguno de nosotros podía imaginar, Dios obró. Esto debería movilizarnos a orar con más autoridad y valentía para que los vientos de cambio soplen en todo el mundo donde las personas son rehenes del mal y de los gobiernos opresores.

Luego arribamos a «hágase tu voluntad, así en la tierra como en el cielo». Oramos aquí para que la voluntad de Dios sea sin oposición, incuestionable como lo es en el cielo. ¡Qué oración y qué tarea! Clamamos por un cambio total de dirección hacia dónde va el mundo. Preguntamos, *¿cuál es tu voluntad, Padre?* Y recordamos lo que las Escrituras dicen, es decir, todo lo que hablamos en el capítulo 3 acerca de conocer la voluntad de Dios.

Por ejemplo, sabemos que es voluntad de Dios que todos sean salvos. De manera que podemos orar por cada persona conocida que aun no fue salva. Asimismo, es positivo clamar en contra de los poderes que evitaron que ellos entendieran el evangelio. Al proceder de esta forma, el Espíritu Santo nos mostrará cómo pedir a medida que buscamos su dirección.

Recordemos que la voluntad de Dios es que «vayamos a todo el mundo y anunciemos las buenas nuevas a toda criatura» (Marcos 16:15). Así podemos orar por cada tribu inalcanzable, lenguaje o ciudad donde las buenas nuevas de Cristo no llegan a las personas. ¡O quizás por las personas que viven en la casa de al lado!

Asimismo, la voluntad de Dios es justicia. De manera que podemos recordar toda injusticia en el mundo y en nosotros mismos. En este sentido, ¿cómo procedemos sobre el particular? No batallamos con ella, no luchamos, ¡nos deshacemos de ella! La matamos, como dijo Pablo en (Gálatas 5:16-26) para que el Espíritu de Dios traiga frutos a nuestras vidas. Dejemos de lado todas las obras de la carne mencionadas en ese pasaje, desde el adulterio hasta la brujería y envidia, y vistámonos con los frutos del Espíritu: alegría, paz, paciencia, amabilidad, bondad, fidelidad, humildad, domino propio y por sobre todas las cosas amor, que une a todos en perfecta armonía.

Luego, cuando oramos por la justicia e injusticia, podemos pensar en la injusticia de la guerra, odio, crimen, violencia, robo inmoralidad, y excesos de toda clase. Al orar por ellas, un poco de compasión llega a nuestros corazones.

Cuando pida por la voluntad de Dios para todas las naciones, puede comprobar que su pensamiento se amplía y el mundo se hace más pequeño. Quizás no en la primera o segunda vez que ore, sino en la quinta o décima, usted comienza a ver las naciones como nunca antes las vio. Puede también leer o estudiar sobre lugares específicos a medida que Dios los trae a su mente. Su interés y su fe aumentarán a medida que empiece a comprender algo acerca de las personas que nunca supo que existían. Quizás encuentre que Timbuktu es un lugar real, que es la ciudad más extensa en la nación de Mali, en África. Allí, miles de personas no han visto la Biblia, ni escuchado el evangelio. Comience a orar por ellos, y por los misioneros e iglesias que llegan hasta allí.

Esto lo motiva a estar más interesado en otras áreas remotas del mundo, y descubre que hay más de tres mil lenguas que no tienen la Biblia. ¿Cómo pueden ellos saber o cumplir la voluntad de Dios, que es por lo que hemos pedido en la oración del Señor, si no tienen una Biblia? Al pensar en esto, usted comienza a orar por los traductores de las mismas. Descubre quiénes son y puede clamar por ellos como individuos o como organizaciones. Decide dar su dinero para apoyarlos. Quizás algún día mientras medite en la Palabra, Dios coloque en su mente el pensamiento de que usted es bastante bueno para los idiomas. ¿Por qué no podría unirse a una organización como Wycliffe que traduce la Biblia a idiomas modernos?

Observe lo que puede suceder cuando ora, «¡que se haga tu voluntad!»

Al orar por la voluntad de Dios, encontrará también que sus oraciones comienzan a ser más personales. En vez de orar vagamente por «los trabajadores de la cosecha», muy pronto comprobará que dice, «Dios, úsame para llegar a mi familia, mis vecinos y mi ciudad».

Orar por la voluntad de Dios es una cuestión riesgosa. Si en realidad procuramos su voluntad, vamos a terminar uniéndonos a aquellos que están en la línea de fuego y hacer de nosotros mismos el objetivo del enemigo. Si le pedimos a Dios que nos forme como verdaderos profetas, no seremos populares. Se nos reirán, seremos injuriados y perseguidos por el bien de la justicia, porque ningún profeta en la Biblia fue alguna vez popular o aceptado por las personas de su comunidad. Todos hicieron historia, no porque fueron grandes, sino porque sometieron su causa a un Dios todopoderoso y su autoridad se convirtió en la de ellos.

Por supuesto, habrá momentos cuando mire una situación en que dirá: «Señor, "¡esa no puede ser tu voluntad!" y si es, entonces quiero que cambies de parecer». Usted le devuelve el balón a Dios. Sus intercesiones se tornan desesperadas e intensas. Y el Espíritu de Dios penetra en sus oraciones, preparándolo para clamar de maneras nunca antes hechas.

Quizás pida por los misioneros y en un instante piense, «¿por qué no hay misioneros que salgan de mi iglesia?, ¿por qué Dios no llamó a alguno de nuestra hermandad (o grupo de estudio de la Biblia) para servir en un campo de misión?»

De manera que comienza a orar, «Padre, quiero que cambies de parecer. Quiero que nos llames». Eso representa orar para que se haga la voluntad de Dios.

En mi hermandad en Holanda, el cien por ciento de los jóvenes fueron al campo de la misión. Ninguno se quedó en sus hogares. Yo soy el peor misionero en el grupo desde sus puntos de vista porque, como dicen ellos: «¡Andrés siempre regresa!» Claro, los otros están lejos por cinco o más años. Son misioneros verdaderos. Oramos para que Dios nos llamara, ¡y lo hizo! Las únicas personas de nuestra hermandad que no han ido al campo de la misión son aquellos que están enfermos o ancianos. Sin embargo, ellos tienen un gran trabajo por hacer: oran, donan, entrenan a otros y hacen todo lo que pueden para apoyar a aquellos que van o que ya fueron a los campos.

Como sugerí en el capítulo 6, eso es lo que se supone debe ser la iglesia local: una estación de reclutamiento, un campo de entrenamiento básico, un apoyo y conducto de suministro para aquellos que son llamados al frente. Nunca tuvo la intención de ser un centro de entretenimiento, actividad social, auto-promoción o construcción de un imperio.

Desafortunadamente, eso representa la iglesia hoy en muchas lugares. Algunas de nuestras iglesias cristianas más grandes tienen impacto cero sobre sus comunidades y el mundo, porque no son más que un exhibidor lujoso para las personas que quieren «sentirse bien con ellos mismos» y se impresionan entre ellos con la manera que Dios los «bendijo», en vez de hacer lo que Dios le ordenó que hicieran. Son lugares donde los cristianos pueden dedicarse a buscar la felicidad en vez de procurar el reino de Dios. Ellos importan una sucesión eterna de celebridades y animadores que alimentan los deseos de distracción y drama de las personas, y en el proceso se anestesian y de esa manera no sienten más el dolor en el cuerpo de Cristo.

Prediqué en muchas de estas iglesias y estoy preocupado y entristecido por lo que vi: una multitud de cristianos tan ocupados dando golpecitos con los pies al ritmo de la música, tan embelesados por la exhibición de talentos sobre el escenario, y pastores tan consumidos con la tarea de contar los miembros nuevos (y construyendo edificios más grandes y elaborados para recibirlos y entretenerlos los domingos) que casi nadie escucha los llantos de aquellos que sufren y mueren en todo el mundo e inclusive a pocas millas cuadradas que rodean el edificio de su iglesia. Y cuando alguien como el Hermano Andrés trata de desafiarlos con la verdad, se niegan a aceptarla porque eso significaría levantarse y dejar el hermoso aislamiento que construyeron para protegerse y consolarse. ¡Sin duda estamos perdiendo la batalla para ganar almas!

¿Comienza a visualizar lo que sucede cuando nos disponemos a orar «hágase tu voluntad?». Al mirar todas las cosas que sabemos son voluntad de Dios y comenzamos a clamar por ellas para que se cumplan, somos como termostatos y empezamos a hacer lo que nos fue asignado, es decir, causamos un cambio.

Muchos cristianos dicen: «Oh, quiero que se haga la voluntad de Dios. Pero ¿qué pueden hacer realmente las oraciones de una sola persona en términos de un mundo entero?». En realidad es una buena excusa para no orar. Si solo una persona conoce a Dios, la luz de ella brilla con más fuerza en la oscuridad. Si un creyente entre cinco billones se entiende y comunica con Dios, los cinco billones nunca pueden decir que él no existe, porque un gramo de experiencia pesa más que diez toneladas de discusión.

Una vez que nosotros finalizamos de orar por todo lo que viene bajo el título de «hágase tu voluntad», podemos comenzar a pedir: «Danos hoy el pan de cada día», no solo mi propio pan, sino para todos los que necesitan nutrición y fuerza. También orar por las necesidades prácticas y personales de nuestras familias, amigos, compañeros de trabajo, y por todos aquellos que tienen necesidades espirituales y físicas.

Asimismo, es bueno orar por aquellos que sufren hambre, epidemias o desastres naturales como inundaciones y terremotos en todas partes del mundo. Podemos clamar por curación, liberación, provisión y todo lo que sea necesario para permitirle a las personas que hagan el trabajo que Dios los llamó a hacer.

Las oraciones «Danos hoy» no son «Dame» o «Bendíceme». No deberíamos entrar en la costumbre de pedirle a Dios «bendíceme», sino orar por otros para que sean bendecidos, y a medida que nuestras vidas comiencen a interesarse por los demás, esa será nuestra bendición. Si insisto en pedirle bendiciones egoístas, quizás Dios me las dé. Algunas veces, la única manera que aprendemos nuestra lección es al experimentar las consecuencias de nuestro propio egoísmo.

Dios podría decir: «Está bien, puedes tener tu bolsa de caramelos. Si quieres enfermarte, enférmate. Quizás así aprendas». Muchos de nosotros nunca aprendemos, y nos estancamos en el hábito de pedir caramelos porque tienen buen sabor y nos hacen sentir bien por un momento, a pesar que a la larga, arruinan nuestros dientes, nos hacen engordar y nos ponemos más perezosos. Dios mueve su cabeza y dice: «Si es eso lo que quieres, no te diré que no, pero tendrás que pagar el precio». El valor de una oración egoísta es casi siempre negativo para nosotros y para las vidas que deberíamos influenciar. No somos fructíferos ni efectivos, no tenemos un propósito y nuestras vidas dejan de tener significado en término de planes y propósitos de Dios.

Y esto nos lleva a orar, «perdona nuestras deudas, así como nosotros perdonamos a nuestros deudores». Es necesario perdonar si queremos ser perdonados. Es una calle de dos sentidos. Muchos de nosotros no tomamos seriamente estas palabras de Cristo.

Visité con un viejo amigo a una mujer en el medio este que es cristiana y está con la O.L.P.* Una combinación alarmante ante los ojos de algunas personas, ¡pero a veces encuentro cristianos en lugares extraños! Aun más sorprendente, en medio de nuestra visita, esta mujer me dijo: «Andrés, el cristianismo se convirtió en un compromiso diario para mí. Mi mayor lucha es perdonar a mis enemigos. ¿Cómo hacerlo con aquellos que quieren matarme junto a mis hermanos y negarme la tierra que me pertenece? Debo perdonar. Miro a Dios y quiero decir: "Dios, perdono a mis enemigos". Los imagino, veo lo que hacen cada día. Visualizo los cuerpos muertos, el sufrimiento, la sangre. Trato de perdonar, pero no puedo».

Entonces oro: «Dios debes ayudarme a perdonar, ¡porque yo no puedo!»

Las palabras de esta mujer me conmovieron profundamente, y sé que Dios lo está mucho más con sus oraciones de lucha que con todas las otras tontas plegarias que intentan hacer borrón y cuenta nueva con un golpe fácil: «Dios bendice a nuestros amigos y enemigos. ¡Amén!» Esa mujer lucha con

* OLP: Organización para la liberación de Palestina.

temas de gran magnitud que la mayoría de nosotros ni siquiera imaginamos alguna vez. Es sincera cuando habla del perdón, lo que considero es señal de mucha madurez.

A menudo creemos que es posible dejar de lado la parte del perdón en la oración del Señor. Decimos al ajustar con cuidado nuestras aureolas: «Bien, con total seguridad, yo perdono a mis enemigos». Y luego continuamos nuestro camino dando espacio a insignificantes rencores que se aferran a recuerdos de insultos y ofensas que ocurrieron hace años.

No luchamos contra nuestra falta de perdón porque estimamos que tenemos derecho y no vemos ningún daño en él. No nos arrepentimos y decimos: «Dios, voy a perdonar, ¡ayuda a mi falta de perdón!». Nos encogemos de hombros y expresamos, «estoy totalmente dispuesto a perdonar a aquellos que me lastimaron cuando vengan a mí y me lo rueguen». O copiamos la actitud de un hombre llamado Heinrich Heine, que dijo en los inicios del 1800, «Uno debería perdonar al enemigo, pero no antes que sean colgados».

Tal vez podamos reírnos porque en ciertas ocasiones pensamos de manera similar. Todos tenemos algo que perdonar y no deseamos hacerlo, así como cuando no pedimos perdón porque no admitimos haber realizado algo malo. Preferimos minimizar nuestro error que aceptarlo y cambiar de actitud. Queremos ver el castigo en otros, incluso si nosotros somos los que debemos llevarlo a cabo.

Sin embargo, hasta que no abandonemos nuestra amargura y enojo, de la manera que lo hizo la mujer en la O.L.P., nuestra vida de oración se detendrá y no veremos a Dios hacer todo lo que él quiere a través de nosotros.

Ahora arribamos a la parte de la oración del Señor que dice: «No nos dejes caer en la tentación, y líbranos del mal». Aquí es donde nosotros y todo el cuerpo de Cristo le solicitamos a Dios que nos equipe para la batalla y nos guarde contra la tentación. Es necesario no hacer de esto un clamor egoísta, porque si no oramos los unos por los otros, dejamos a nuestros hermanos abiertos al ataque.

A menudo me pregunto si muchos de los cristianos prominentes cuyas vidas y ministerios fueron destruidos por sus fallas morales y espirituales durante los últimos años, podrían quizás haber sido evitadas si en las Iglesias se hubiera orado por ellos. No quiero significar que estos hombres y mujeres prominentes no sean responsables de sus elecciones; todos lo somos, y lo seremos ante Dios. Debemos reconocer que cuando un miembro del cuerpo falla, todos fallamos, y somos individualmente responsables. No es positivo expresar: «¿Cómo pudieron?» Tenemos que auto-examinarnos y decir: «¿Cómo pudimos haberlo evitado?»

Estamos íntimamente conectados. Cuando veo caer a mi hermano, debo recordar que soy su guardián. Es mi responsabilidad orar por él, apoyarlo, hacer lo posible para evitar que caiga. Y si lo hace, sin importar cómo o por qué, es mi responsabilidad ayudar a restituirlo como miembro funcional del cuerpo. No podemos afrontar hacerlo de otra manera.

Aquí es donde también combatimos los planes y sistemas satánicos, como lo discutimos en el último capítulo. Oramos contra males tales como tráfico de drogas y adicción, corrupción desenfrenada y pecado en cada área, desde el gobierno hasta el mundo de los negocios y las artes, terrorismo internacional, crimen, incremento de religiones falsas, ocultismo y la tiranía de los sistemas ateos como el comunismo, fascismo y cientos de otros «ismos» de los que el mundo necesita ser liberado. No obstante los cambios que vimos en Europa del este y la Unión Soviética, el comunismo es todavía responsable por más sufrimiento a escala mundial que cualquier otro sistema o entidad, por ese motivo invito a todos los cristianos a continuar en oración y así atacar uno de los bastiones principales de Satanás como lo es el comunismo.

Es en esta área de intercesión donde debemos aprender a orar para que Dios retire de nuestra vida todo aquello que nos hace superficiales en nuestra relación con él. La superficialidad es el mayor riesgo en la vida cristiana. Por todos los medios Satanás intenta mantenernos en esa actitud. Digo esto con seriedad, no solo para mi propia vida, sino para la de toda la Iglesia. No conozco ningún profeta que haya advertido sobre este peligro.

En este sentido, en la segunda mitad del siglo veinte la iglesia se vio afectada más de lo imaginable. Decimos que queremos ver a Dios, ser usados por él o ver los milagros que vieron los apóstoles o inclusive tener «una vida más profunda». Nuestro diario existir y relaciones personales con Dios son tan superficiales que la mayoría de los cristianos nunca se aproxima a esa clase de experiencia. Deseamos ser similares a los personajes que leemos en la Biblia, pero al no estar preparados para una vida de oración y sacrificio como lo hicieron ellos, aceptamos sustitutos por una experiencia cristiana genuina que satisface nuestras necesidades de drama y alegría y nos deja sin poder, débiles e ineficaces.

Gritamos aleluya y levantamos nuestras manos tal como lo hicieron los creyentes en Pentecostés, y mostramos quizás «regalos del Espíritu» que nosotros mismos fabricamos porque desconocemos cómo son los regalos verdaderos del Espíritu.

Quizás aceptamos profecías que no vienen de Dios porque en realidad no conocemos la voz de Dios, y como resultado no distinguimos cuando habla un profeta falso en su lugar. De hecho, estoy persuadido que en muchas iglesias hoy el diablo mismo podría aparecer y gritar: «Entonces dijo el Señor...» y no lo desafiaríamos porque muchos no sabemos la diferencia entre su voz y la de Dios. En consecuencia, la Iglesia es arrastrada con facilidad por falsos profetas y charlatanes lo cual constituye una tragedia.

Tal vez, poco sabemos acerca de cómo el poder del Espíritu Santo desciende sobre su pueblo como en Pentecostés, y cómo lo hizo durante el renacimiento de la historia.

No estamos preparados para que nuestra vida experimenten un revés como sería esa clase de visitación, ni tampoco para que nuestra existencia asegurada y llena de confort sea destruida para siempre.

Cuando predico en iglesias grandes en Europa y América, a veces pregunto cuando comienzo mi mensaje: «¿Si Dios hubiese muerto ayer, alguien se habría dado cuenta?». Esto despierta la atención de todos y es lo que quiero lograr. Luego prosigo y digo que ellos organizaron sus vidas de manera tal que no necesitan un Dios viviente que perturbe su posición social, involucrado en cada decisión y actividad de sus vidas.

Todo se planifica por anticipado, y sería un inconveniente si se le pidieran a él que se involucre un domingo por la mañana. Porque arribaron a la iglesia con el conocimiento de con quién se iban a sentar, cuánto dejarían de ofrenda y a dónde irían tan pronto termine el servicio (y mejor que termine en horario, ¡porque no quisieran llegar tarde!).

El pastor y su gente quizás ya escogieron las canciones, oraciones, las Escrituras que leerían, el sermón que sería predicado y hasta los anuncios que iban a hacer. ¡Todo está impreso en la cartelera! Si queda tiempo para que la congregación solicite una oración o dé las gracias, queda limitado a un estricto período entre cinco a diez minutos.

También me gusta preguntar: «¿Cuándo fue la última vez que escuchó a un pastor subir al púlpito y decir: "Hoy Dios no me dejó un mensaje, vamos a cantar y orar juntos y luego nos iremos a casa?"» Como pastores a menudo estamos más preocupados por nuestras reputaciones que por lo que escuchamos de Dios. Y como siempre podemos sacar uno de los libros de temas para sermones y preparar uno lindo si Dios no nos da uno. O podemos predicar un mensaje ya dado. Yo lo hice más veces de lo que me gusta admitir. Es demasiado fácil. Y se torna más fácil por el hecho de que la mayoría de las congregaciones son tan superficiales en sus paseos con Dios que no notarán la diferencia entre un mensaje de él u otro sacado de un libro viejo de sermones.

Es una gran pena. ¡Estamos en este aprieto juntos! Debemos esperar más de cada uno de nosotros y de Dios.

Cuando termino de decir todo esto a la congregación, les pregunto nuevamente: «¿Si Dios hubiese muerto ayer, se hubiesen dado cuenta?» Eso los hace estremecer. Al menos eso espero.

Quizás no les guste, pero a mí no me preocupa. Lo que sí me concierne es que los creyentes se despierten y redescubran quién es Dios y qué hace hoy. Y no debemos aceptar la indiferencia en nuestros propios corazones. Tenemos que hacer algo y no permanecer sentados semanas tras semanas en nuestras iglesias y esperar ser entretenidos. Debemos transformarnos en termostatos y no en termómetros, y causar un cambio en respuesta al toque del Espíritu Santo. Pero, ¿cómo podemos hacerlo si nunca nos acercamos lo suficiente para experimentarlo y nunca oímos su voz?

La frase «Líbranos del mal» debe estar incluida en nuestra oración para que Dios nos libre del cristianismo superficial, el estilo de vida frívolo que hace manifestaciones de apoyo de todo lo que Jesús hizo por nosotros en la cruz, y deja a Dios por fuera en la puerta principal donde no tenemos que molestarlo al menos que tengamos un problema urgente. Debemos ser librados del deseo de reclamar las bendiciones que Dios le dio a la Iglesia a través de los tiempos sin pagar el precio que ellos pagaron.

No hablo aquí de salvación, porque Jesús pagó todo. Pero sí existen privilegios que Dios da solo a aquellos que lo conocen y lo aman. Nosotros no podemos tener tales privilegios o bendiciones sin ningún costo. ¿Cuánto estamos dispuestos a pagar? ¿Qué dejamos de lado para que Dios nos use?

¿Estamos dispuestos a convertirnos al proletariado? ¿Somos capaces de dejar nuestros estilos de vida de clase media o alta? Lo importante no es poseer un trabajo prestigioso, hijos que concurren a buenas universidades, ser propietarios de una segunda casa o varios autos, sino tener una íntima relación con Dios. Jesús dijo: «El que se apega a su vida la pierde; en cambio, el que aborrece su vida en este mundo, la conserva para la vida eterna» (Juan 12:25). ¿Le creemos? ¿Estamos dispuestos a vivirla?

Como lo citamos con anterioridad, Jesús dijo también:

> *«Así como el Padre me ha amado a mí, también yo los he amado a ustedes. Permanezcan en mi amor. Si obedecen mis mandamientos, permanecerán en mi amor, así como yo he obedecido los mandamientos de mi Padre y permanezco en su amor. Les he dicho esto para que tengan mi alegría y así su alegría sea completa. Y este es mi mandamiento: que se amen los unos a los otros, como yo los he amado. Nadie tiene amor más grande que el dar la vida por sus amigos. Ustedes son mis amigos si hacen lo que yo les mando ... No me escogieron ustedes a mí, sino que yo los escogí a ustedes y los comisioné para que vayan y den fruto, un fruto que perdure. Así el Padre les dará todo lo que le pidan en mi nombre. Éste es mi mandamiento: que se amen los unos a los otros».*
>
> (JUAN 15:9-14; 16-17).

Cuando comprendamos el significado de tomar decisiones valientes, seremos elevados a un nivel en el que podremos convertirnos en intercesores verdaderos, nivel que los cristianos pasivos y superficiales nunca podrán entender. Tal vez nos llamen «desconectados», «súper espirituales» o «fanáticos», sin darse cuenta que somos los únicos en contacto con la realidad porque nos situamos en una posición para enfrentar las causas en vez de tener que tratar con los síntomas como el resto del mundo. Somos los únicos que podemos generar un cambio y no reaccionar ante él.

Al alcanzar este nivel, ¡nuestra vida se transforman en algo excitante! Comenzamos a vivir en el reino sobrenatural de Dios donde sus propósitos son una realidad superior a todo y sus deseos se hacen nuestros. Vivimos y tenemos comunión con él porque nuestra mente y espíritu están apegados a Dios.

Y aquí llegamos al punto de partida desde donde comenzamos a hablar sobre el cambio de parecer de Dios. Pronunciamos las palabras finales de la oración de Jesús: «Tuyo es el Reino, el poder y la gloria por siempre». Cuando sepamos cuál es su voluntad para su reino, seremos capaces de pedirle a Dios que cambie de parecer acerca de permitir un poco de eso para continuar.

La oración de Pablo extendida en Efesios termina:

> *Al que puede hacer muchísimo más que todo lo que podamos imaginarnos o pedir, por el poder que obra eficazmente en nosotros, ¡a él sea la gloria en la iglesia y en Cristo Jesús por todas las generaciones, por los siglos de los siglos! Amén.*
>
> EFESIOS 3:20-21

«¿Cómo comenzamos a darnos cuenta de lo que significa ser hijos del Dios viviente quien no solo es capaz sino que está deseoso de hacer más de lo que todos pedimos o imaginamos?» ¿Cómo respondemos cuando Dios dice: «Pídeme, y como herencia te entregaré las naciones; ¡tuyos serán los confines de la tierra!» (Salmo 2:8)? Sí, debemos pedir por las naciones y confines de la tierra. ¡Dios nos las concederá! El mundo no salvado espera que nosotros pidamos. Nuestros hermanos oprimidos en la Iglesia que sufren también esperan que nosotros pidamos. Pero por sobre todas las cosas, Dios es el que espera por eso. «Pero éste es un pueblo saqueado y despojado, todos atrapados en cuevas o encerrados en cárceles. Son saqueados, y nadie los libra; son despojados, y nadie reclama. ¿Quién de ustedes escuchará esto y prestará atención en el futuro?» (Isaías 42:22-23).

¿Quién de nosotros escuchará? ¿Lo hará usted? ¿Será el que rechace al fatalismo, el que dé un paso adelante para estar en la brecha, rescatar a las naciones y reclamar la herencia que Dios prometió? ¿Será usted el que esté dispuesto a arriesgar todo por el bien del reino, el poder y la gloria de Dios?

Si usted lo hace, Así dice el SEÑOR: «En el momento propicio te respondí, y en el día de salvación te ayudé. Ahora te guardaré ... para que restaures el país y repartas las propiedades asoladas; para que digas a los cautivos: "¡Salgan!", y a los que viven en tinieblas: ¡Están en libertad!» (Isaías 49:8-9).

Esa es nuestra llamada y nuestro encargo sagrado, y también es la aventura más grandiosa que la vida ofrece. ¡Vamos por ella juntos!

EPÍLOGO

Hace poco tiempo, un querido amigo que realiza su ministerio en un lugar del mundo a menudo peligroso, me pidió emprender la ejecución de un proyecto de oración muy confidencial. Me compartió acerca del nacimiento de la iglesia en un país que es casi cien por ciento musulmán. En los últimos cuatro años hubo un gran movimiento del Espíritu de Dios y varios miles de personas comenzaron a creer en el Señor Jesucristo como su Salvador. Mi corazón se llenó de regocijo al escuchar esto. Estos hombres y mujeres eran valientes testigos del Señor, y hasta algunos ya pagaron el precio con sus vidas.

Por cierto, había una gran carga en el corazón de mi amigo porque no había una iglesia visible en este país ni instituciones que apoyaran este trabajo del Espíritu. No había seminarios para entrenar pastores, ni líderes experimentados y sabios que pudieran formar a las nuevas congregaciones. Mientras solo existían unos pocos grupos misioneros extranjeros trabajando allí, la mayoría eran agencias de ayuda humanitaria y no estaban capacitadas para fortalecer estas iglesias nuevas.

Mi amigo me dijo «Hermano Andrés, esta iglesia emergente necesita líderes fuertes y devotos. Identificamos veintidós hombres que pensamos podrían ser los pastores para estas comunidades. Los ayudamos a organizar a los creyentes en casas pequeñas de oración y les dimos una estructura para la adoración. Pero precisan más entrenamiento. Necesitan aprender la Biblia para poder enseñarla. Nuestro plan es reunirlos a todos, por razones de seguridad, durante una semana cada mes en distintos lugares durante los próximos dos años, y les daremos un entrenamiento intensivo. Cuando completen los cursos con éxito, los ordenaremos pastores».

Fue emocionante oír acerca de este plan y le pregunté a mi amigo qué podía hacer para ayudar. «Estos veintidós hombres necesitan el apoyo de una oración poderosa. Sin embargo, no puedo compartir esto con muchas personas. ¿Serías uno de aquellos que se comprometa a interceder por ellos?» ¡Por supuesto que sí! Qué privilegio ir ante Dios y orar por los líderes de esta iglesia en una nación islámica radical.

¿Pero sobre qué base podría hacer el trabajo más sagrado? Sin lugar a dudas, al escribir este libro titulado «Y Dios cambió de parecer», hace ya quince años. Hay algo que aun me asombra en estos días, más que cuando tenía en manuscrito estos pensamientos: la relación personal e intensa con la oración.

Y esa comunión no es como una calle de una sola mano. Quisiera por un momento regresar a los pensamientos que desarrollé en el capítulo 2, titulado «¿Quién puede hacer cambiar de parecer a Dios?». Vimos las asombrosas oraciones de Moisés en Éxodo 32. Pero recientemente, mientras leía ese pasaje, vi algo que antes detecté en el versículo 11. La traducción de NVI dice: «Moisés buscó un favor del Señor su Dios». Desafortunadamente, eso no comienza a insinuar la relación entre Dios y Moisés. Eugene Peterson se aproximó en *The Message* cuando él interpretó este versículo: «Moisés intentó apaciguar al Señor su Dios».

Pero como yo estudié el texto en hebreo, descubrí que la relación que Moisés tenía con Dios era mucho más profunda de lo que imaginaba. La palabra hebrea es חָלָה. Si tuviese que traducir literalmente ese versículo, diría: «Pero Moisés borró las arrugas del rostro de Jehová».

Es correcto. Moisés masajeó el rostro de Dios. Esto es asombroso. ¡Increíble! Moisés estaba tan cerca de un Dios enfurecido que pudo en realidad verlo y tocarlo. Pudo ver sus arrugas profundas tan comunes en el rostro de una persona que está enojada. Y luego tuvo la audacia de estirar sus manos y tocarlo.

¿Qué era lo que bullía en el corazón de Moisés para proceder de esta manera? Él conocía a su Dios. Estaba muy cerca de él. No le temía en el sentido de un miedo profundo. En Éxodo 33:11, dice que Dios le hablaba a Moisés «cara a cara, como quien habla con un amigo».

Sumado a esto, sabemos que Moisés amaba a su pueblo tanto, que estaba dispuesto a dar su vida por ellos. Moisés le suplicaba a Dios que perdonara los pecados de Israel. «Pero si no vas a perdonarlos, ¡bórrame del libro que has escrito!» (Éxodo 32:32). Se ofrecía como sacrificio por el pueblo si eso significaba su salvación. Por supuesto, sabemos que Dios tenía otro plan y que, siglos más tarde, Jesús daría ese sacrificio sustitutivo.

El corazón de Moisés nos muestra lo que Dios favorece. Se necesitan solo dos cosas: una relación muy cercana con él y estar dispuestos a dar la vida por aquellos que oramos.

Esos son los únicos ingredientes fundamentales para que cualquiera de nosotros podamos transformarnos en intercesores efectivos.

ACERCA DE LOS AUTORES

En 1955, un joven misionero holandés llamado Hermano Andrés realizó un viaje con un grupo a Polonia. Allí descubrió a una iglesia cristiana detrás de la Cortina de Hierro que necesitaba de manera desesperada la palabra de Dios. El Hermano Andrés, como luego sería conocido en todo el mundo, distribuyó una valija llena de literatura cristiana ... y marcó así los humildes comienzos de *Open Doors*. Hoy, cincuenta años más tarde, la organización trabaja en más de cuarenta y cinco países para fortalecer a la iglesia perseguida, y sustenta a indígenas cristianos en tierras hostiles para que puedan continuar con la difusión del evangelio a la mayoría de los que no conocen las Escrituras alrededor de ellos.

La autobiografía del Hermano Andrés, *El traficante de Dios* (uno de los libros más vendidos a nivel internacional con más de trece millones de copias en más de cuarenta idiomas), detalla los cruces peligrosos de la frontera en su escarabajo Volkswagen, las persecuciones de la KGB y la travesía valiente del Hermano Andrés orientada a vivir por Jesucristo.

En el año 1997, el Hermano Andrés recibió el Premio a la Libertad Religiosa de la Comunidad Evangélica Mundial, reconociéndosele su vida al servicio de la iglesia perseguida y su pasión por la difusión del evangelio.

El trabajo del Hermano Andrés a través de *Open Doors* llevó a la organización a lugares donde la gran mayoría de cristianos no van. Su red clandestina de indígenas cristianos colaboró en la distribución secreta de millones de Biblias alrededor del mundo cada año. *Open Doors* entrenó miles de pastores cristianos y líderes de la iglesia mediante cursos, seminarios de persecución y asistió con ayuda económica, entrenamiento de alfabetización y vocacional en la mayoría de los países peligrosos en el mundo.

En los últimos años, el Hermano Andrés centralizó su atención sobre el mundo islámico. Aun viaja a todas partes, principalmente al medio este, y siente con fervor que la rápida expansión del islamismo podría ser el gran desafío que la iglesia cristiana enfrentó en el mundo.

El Hermano Andrés dice: «Nuestra misión se llama "*Open Doors*" porque creemos que cualquier puerta está abierta, a cualquier hora y en cualquier lugar. Y creo eso literalmente. Cada puerta está abierta para entrar y proclamar a Cristo, siempre y cuando esté dispuesto a ir y no preocuparse por regresar».

Para aprender más acerca del ministerio de *Open Doors* y recibir una suscripción gratis por seis meses además del boletín informativo mensual *Frontline Faith*, por favor contáctese con:

Open Doors USA
P.O. Box 27001
Santa Ana, CA 92799
1-888-5-BIBLE-5
www.opendoorsusa.org

Open Doors Canada
30-5155 Spectrum Way
Mississauga, ON
L4W 5A1
CANADA
1-905-602-6404
www.opendoorsca.org

Susan DeVore Williams es la autora ganadora del premio de varios libros de prosa no narrativa y una novela popular: *Sunset Coast*. Sus novelas han aparecido en varias publicaciones, incluyendo *Guideposts* y *Reader's Digest*. Ella y su esposo viven en California.

Open Doors International

Nuestra visión

Nuestro propósito

Fortalecer y equipar el cuerpo de Cristo al enfrentar o vivir bajo restricción y persecución como consecuencia de su fe en Jesucristo, y alentar su participación en la evangelización del mundo:

- *Proveer Biblias y literatura, medios de comunicación, entrenamiento de liderazgo, desarrollo socio-económico y a través de la oración intercesora.*

- *Preparar al cuerpo de Cristo, cuando se vive en áreas amenazadas o inestables, a enfrentar la persecución y el sufrimiento y*

- *Educar y movilizar al cuerpo de Cristo que vive en el mundo libre, para que se identifique con los cristianos amenazados y perseguidos y por último, participar activamente asistiéndolos.*

Desarrollamos varias actividades porque creemos que cuando un miembro sufre, todos lo hacen con él (1 Corintios 12:26), todas las puertas están abiertas, y Dios permite a su cuerpo que vaya por todo el mundo y predique el evangelio.

Para mayor información sobre *Open Doors*

Por temas actualizados de oración, o para aprender sobre recursos adicionales y oportunidades de participación con la iglesia perseguida, visite el sitio en Internet de *Open Doors*: www.opendoors.org o contacte la oficina de *Open Doors* en su país.

Open Doors

PO Box 53
Seaforth
New South Wales 2092
AUSTRALIA
www.opendoors.org.au

Missao Portas Abertas

Rua do Estilo Barroco, 633
Chacara Santo Antonio
04709-011 - Sao Paulo, SP
BRAZIL
www.portasabertas.org.br

Open Doors

30-5155 Spectrum Way
Mississauga, ON
L4W 5A1
CANADA
www.opendoorsca.org

Abne Dere

PO Box 1062
DK-7500 Holstebro,
DENMARK
www.opendoors.nu

Portes Ouvertes

BP139
F-67833 Tanneries
Cedex (Strasbourg)

FRANCE

www.portesouvertes.fr

Open Doors Deutschland

Postfach 1142
DE-65761 Kelkheim
Bundesrepublik
GERMANY
http://de.od.org

Porte Aperte

CP45
37063 Isola Della Scala, VR
ITALY
www.porteaperteitalia.org

Open Doors

PO Box 50
Tongjak-gu
Seoul
KOREA
www.opendoors.or.kr

Open Doors

PO Box 47
3850 AA Ermelo
THE NETHERLANDS
www.opendoors.nl

Open Doors

PO Box 27-630
Mt Roskill
Auckland 1030
NEW ZEALAND
www.opendoors.org.nz

Apne Derer

Barstolveien 50 F
4636 Kristiansand
NORWAY
www.opendoors.no

Open Doors

PO Box 1573-1155
QCCPO Main
1100 Quezon City
PHILIPPINES www.opendoors.ph

Open Doors

8 Sin Ming Road
#02-06 Sin Ming Centre
Singapore 575628
REPUBLIC OF SINGAPORE
www.opendoors.org/ODS/ index-htm

Open Doors

PO Box 1771
Cresta
2118
Gauteng
SOUTH AFRICA
www.opendoors.org.za

Puertas Abiertas

Apdo. 49
18100 Armilla
Granada
SPAIN
www.puertasabiertas.org

Portes Ouvertes

Case Postale 267
CH-1008 Prilly
Lausanne
SWITZERLAND
www.portesouvertes.ch/en

Open Doors

PO Box 6
Witney
Oxon 0X29 6WG
UNITED KINGDOM
www.opendoorsuk.org

Open Doors

PO Box 27001
Santa Ana, CA 92799
USA
www.opendoorsusa.org

Nos agradaría recibir noticias suyas.
Por favor, envíe sus comentarios sobre este libro
a la dirección que aparece a continuación.
Muchas gracias.

Editorial Vida®
.com

Editorial Vida
8410 N.W. 53rd Terrace, Suite 103
Miami, FL 33166

Vida@zondervan.com
www.editorialvida.com